Martina Knipp

Lapbooks: Mein Leben & ich

Praktische Hinweise und Gestaltungsvorlagen für Klappbücher in multikulturellen Klassen

PERSEN

Die Autorin

Martina Knipp ist Grundschullehrerin und Ausbilderin am Studienseminar Friedberg.

Gedruckt auf umweltbewusst gefertigtem, chlorfrei gebleichtem und alterungsbeständigem Papier.

1. Auflage 2018

Grafik: Stefan Lucas sowie Julia Flasche (Arbeitspiktogramme), Satzpunkt Ursula Ewert GmbH (Bastelvorlagen)
Satz: Satzpunkt Ursula Ewert GmbH, Bayreuth

ISBN: 978-3-403-20284-4

www.persen.de

Didaktisch-methodische Hinweise 4

1 Du und ich

Das bin ich 7
Meine Familie und Freunde 10
Meine Wünsche 11
Unsere Sprachen und Schriften 12
Heimat 13

2 Lernen

Meine Schulsachen 16
Mein kleines Bilder-Wörterbuch 18
Mein Tag 19
Meine Woche 20

3 Sich orientieren

Schulhausdetektive 21
Unsere Schulumgebung 22
Ich kaufe ein 23
Mein Portemonnaie 25
Auf der Straße 27
Mein Schulweg 28
Das Jahr 29

4 Miteinander leben

Meine Freunde und Nachbarn 30
Verabredungen 31
Mein Traumhaus 32
Meine Rezepte 33
Mein kleines Familienwörter-Ratespiel 34
Mein Brieffreund 35

5 Was mir wichtig ist

Freundschaft 36
Was ich mal werden will 38
Mein bester Freund 39
Spiele 40
Fernsehen 42

6 Sich wohlfühlen

Wie geht es dir? 43
Meine Lieblingskleidung 44
Mein Körper 45
Das Wetter 46
Meine Fantasiewelt 47
Kinder haben Rechte 48

7 Blankovorlagen

Deckblätter 49
Gestaltungselemente 54

Anhang

Rückmeldebogen 62

Die „Lapbooks: Mein Leben & ich" bieten Kindern die Möglichkeit, sich gegenseitig vorzustellen, von ihrem Leben zu erzählen und mit anderen Kindern über Werte, Wünsche und Träume zu sprechen. Um der wachsenden Heterogenität und Sprachenvielfalt in Klassen begegnen zu können, sind die Themenkomplexe eng an den Lernfeldern des Rahmenplans Deutsch als Zweitsprache orientiert.
Die Erst- wie auch die Zweitsprache sind identitätsstiftend. Gleiches gilt für das alltägliche Handeln, gelebte (Familien-)Traditionen und Gewohnheiten sowie gesellschaftliche Konventionen. Die Lapbooks geben den Kindern Anlass, genau diese Faktoren, die ihre Lebensrealität und Identität beeinflussen, auf spielerische Weise zu präsentieren. Dabei lernen sie mit- und voneinander, indem sie ihren Mitschülern die individuelle Wahrnehmung sowie die eigenen Werte und Erfahrungen durch unterschiedliche Gestaltungselemente optimal zeigen und erklären können.

Was sind Lapbooks?

Ein Lapbook ist eine kleine Mappe, eine Art Klappbuch, das sich mehrfach ausklappen lässt und von den Kindern individuell gestaltet und ausgestattet werden kann. So passen zum Beispiel kleine Taschen, Drehscheiben, Faltbücher, Bilder, Leporellos u. v. m. hinein.
Durch das Gestalten ihres Lapbooks können die Schüler[1] ihr Wissen oder ihre Ergebnisse durch Basteln, Schreiben und Ausarbeiten festhalten. Das kreative Arbeiten motiviert und fördert die Selbstständigkeit der Schüler. Jedes Lapbook ist individuell, keines sieht aus wie das andere. Jedes Kind entscheidet für sich, wie es mit den erarbeiteten Informationen umgeht, die schriftlichen und bildlichen Elemente in das Klappbuch aufnimmt und im Anschluss präsentiert.

Einsatz von Lapbooks im Unterricht

Lapbooks eignen sich immer dann besonders, wenn das individuelle Lernen im Vordergrund steht und die Kinder ihre Erfahrungen oder Ergebnisse vorstellen dürfen. Dies kann ein Lapbook im Sinne einer Buchvorstellung bspw. im Deutschunterricht sein, ebenso gut können aber auch engere Themen wie die Addition oder Subtraktion im Mathematikunterricht thematisiert werden.

Zielsetzung

Die Kinder setzen sich intensiv mit unterschiedlichen Aspekten eines Themas auseinander, sie verschaffen sich (oft) selbständig Material und Informationen, sie arbeiten individuell oder in Kleingruppen, sie dokumentieren und präsentieren ihre Ergebnisse und Erfahrungen, sie lernen neue und wiederholen bereits bekannte Inhalte.

Material

Für die Arbeit mit Lapbooks braucht es häufig eine Vielzahl an Materialien. Bereitgestellt werden sollten in der Regel:

- Scheren
- Kleber und/oder Klebepads
- Musterklammern
- Bleistifte
- Buntstifte
- Tonpapier/-karton und/oder farbiges Papier
- verschiedene Lapbook-Vorlagen und Gestaltungsideen[2]
- ggf. Zusatzmaterial wie internetfähige PCs und Drucker, Lexika oder Sachbücher für die Recherche oder Zeitschriften für Collagen

[1] Wir sprechen hier wegen der besseren Lesbarkeit von Schülern bzw. Lehrern in der verallgemeinernden Form. Selbstverständlich sind auch alle Schülerinnen und Lehrerinnen gemeint.
[2] Die verschiedenen Gestaltungsideen für die Deckblätter der Lapbooks sowie für einige Elemente der Innenteile finden Sie in Kapitel 7.

Mustervorlage Lapbook

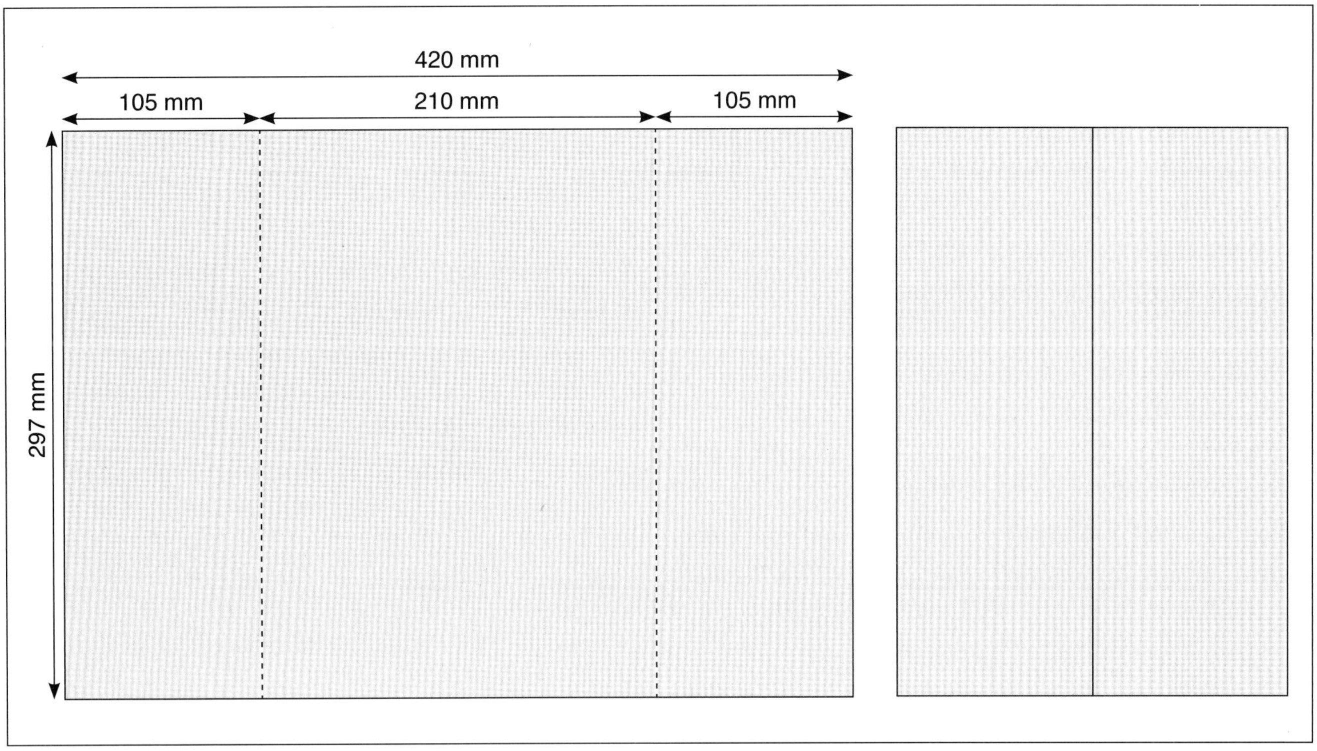

Vorgehen

Bestenfalls sollte für jedes Kind ein DIN-A3-Bogen Tonkarton, -papier oder Pappe zur Verfügung stehen. Das DIN-A4-Format eignet sich nur für kleine Klappbücher mit wenigen oder einfachen Ausgestaltungen. Die Seiten des auf Querformat gelegten Pappbogens werden zur Mitte hin geklappt, sodass ein aufklappbares Buch entsteht. Dieses Format kann nach oben oder unten erweitert werden, indem zusätzliche Klappelemente hinzugefügt werden.

Die Kinder nutzen nun diese Klappbuchvorlage, um die zum jeweiligen Thema gebastelten Gestaltungselemente einzukleben oder zu heften. Das Deckblatt kann von der jeweiligen Vorlage übernommen oder von den Kindern eigenständig entwickelt werden.

Einige Vorlagen müssen – je nach Alter, Kompetenz und Vorerfahrung – größer kopiert werden, damit die Kinder sie ausschneiden und bearbeiten können.

Differenzierung

Lapbooks bieten eine gute Möglichkeit zur Differenzierung, da jedes Kind eigenständig und nach eigenen Vorstellungen gestalten und dabei kompetenzorientiert lernen und arbeiten kann. Auch die konkreten Inhalte kann es selbst bestimmen. Mitunter wird es sinnvoll sein, einzelne Aufträge bereits als Hausaufgabe vorbereiten zu lassen, etwa wenn es um Informationen zu unterschiedlichen Ländern, Schriften oder Übersetzungen geht.

Der Differenzierung dient es auch, dass den Kindern verschiedene Vorlagen bereitgestellt werden. Sie können dadurch selbst entscheiden, ob sie einfache oder komplexe Vorlagen wählen, die jeweils mit weniger oder mehr Inhalt und Elementen gefüllt werden können. Es bietet sich bei einigen Lernfeldern an, Kinder in heterogenen Partner- oder Kleingruppen zusammen arbeiten zu lassen. Dadurch wird sichergestellt, dass die Arbeitsaufträge gemeinsam gelesen und bei Bedarf geklärt werden. Hier ist es sinnvoll, zumindest einen guten Leser in jede Kleingruppe einzuteilen. Alternativ kann die Lehrkraft einzelne Angebote mit der Klasse vorab erarbeiten.

Zudem wird in einigen Lernfeldern unterstützendes Wortmaterial in Form von Nomen mit Artikeln, Verben und Adjektiven sowie auch

Chunks oder komplexeren Satzstrukturen zur Verfügung gestellt. Hierdurch wird gewährleistet, dass auch die Kinder auf einem noch nicht ausreichenden Sprachlernniveau die Aufgaben erfolgreich bearbeiten können. Das Angebot der Satzstrukturen richtet sich dabei nach dem Sprachlernprogress der beiden Sprachwissenschaftler Prof. Dr. Dr. h. c. Pienemann und Prof. Dr. Grießhaber.

Besonders spannend und abwechslungsreich sind die Präsentationen der fertigen Lapbooks. Jedes Buch ist anders gestaltet und die Kinder haben in der Regel große Freude daran, ihren Mitschülern ihre Erfahrungen und Ergebnisse sowie ihre Bastelarbeit zu präsentieren. Da in den Lapbooks „Mein Leben & ich“ jedoch auch sehr sensible persönliche Themen aufgegriffen werden, sollte die Lehrkraft verstärkt darauf hinweisen, dass jedes Kind frei aus dem Themen- und Gestaltungsangebot wählen kann. Zusätzlich wäre es sinnvoll anzubieten, die Lapbooks im Anschluss nur in einem kleinen Rahmen ausgewählter Personen oder in Ausnahmefällen gar nicht zu präsentieren.

Bewertung

Lapbooks sind, ähnlich wie Portfolios, grundsätzlich bewertbar. Bei den Lapbooks zu den Lernfeldern „Mein Leben & ich“ sollte aufgrund der hohen Identifikation mit den Inhalten aber möglichst von einer inhaltlichen Bewertung im engeren Sinne abgesehen werden. Ein Beispiel für einen Auswertungs- bzw. Rückmeldebogen finden Sie im Anhang. Hierbei sollten die Aspekte Gestaltung und Präsentation in den Vordergrund rücken und besonders sorgfältig ausgearbeitete, gut recherchierte und/oder vorgetragene Lapbooks lobend hervorgehoben werden.

Klassenstufen

Generell gilt, dass in jüngeren Jahrgängen mehr Anleitung und Unterstützung nötig ist als in erfahreneren Klassen. Hier sollten die Arbeitsblätter und die zugehörigen Gestaltungsvorlagen vorab gemeinsam durchgesprochen werden. Wenn die Kinder jedoch bastelerfahren sind, ggf. bereits schon ein Lapbook zu einem anderen Thema erarbeitet haben und die unterschiedlichen Umsetzungsideen kennen, können sie mühelos eigenständig agieren.

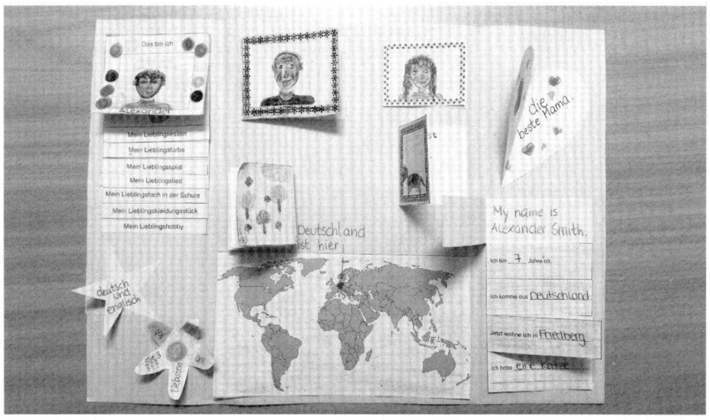

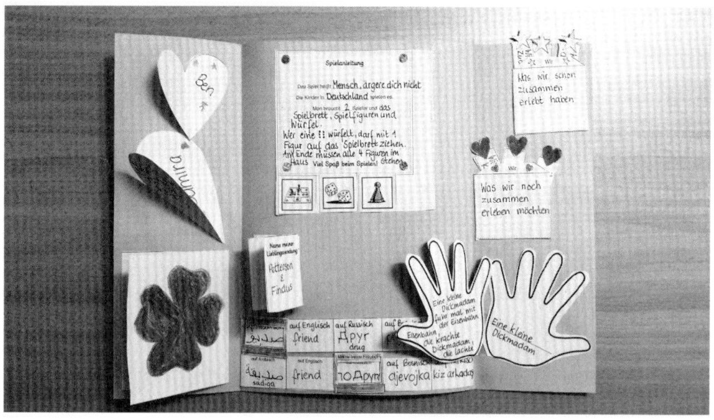

Schneide die einzelnen Seiten aus.

Schreibe die Informationen über dich auf die Seiten. Passende Wörter und Sätze findest du auf Seite 9. Dazu kannst du Bilder malen.

Oder hast du Fotos? Klebe sie ein. Dann klebe alle Seiten zusammen. Vorsicht: Klebe nur die Klebeflächen auf!

Das bin ich

Foto einkleben
oder ein Porträt malen

Klebefläche

Mein Lieblingsessen

Klebefläche

Meine Lieblingsfarbe

Klebefläche

Mein Lieblingsspiel

Klebefläche

Mein Lieblingslied

Klebefläche

Mein Lieblingsfach in der Schule

Klebefläche

Mein Lieblingskleidungsstück

Klebefläche

Mein Lieblingshobby

Mein Lieblingsessen Mein Lieblingsessen ist … Ich esse gerne / am liebsten … Zum Nachtisch esse ich gerne … … esse ich auch sehr gerne.	Nudeln mit Tomatensoße, Reis mit Gemüse, Couscous, Pizza, Teigtaschen, Salat, Eis, Obstsalat, Joghurt
Meine Lieblingsfarbe Meine Lieblingsfarbe ist … Ich mag auch gerne … … finde ich auch schön.	rot, gelb, blau, grün, lila, rosa, braun, schwarz, weiß
Mein Lieblingskleidungsstück Mein Lieblingskleidungsstück ist … Am liebsten trage ich …	rot, grün, gelb, lang, kurz, eine Hose, eine Jacke, ein Rock. einen Pulli, ein T-Shirt, ein Kleid.
Mein Lieblingsspiel Mein Lieblingsspiel ist … Am liebsten spiele ich … Mit Freunden spiele ich gerne …	Fußball, Seilspringen, Memory, Domino, Fangen, Verstecken
Mein Lieblingslied Mein Lieblingslied ist … Ich singe gerne … Ich höre am liebsten … … höre ich auch gerne.	ein deutsches Lied. einen englischen Rock-Song. einen arabischen Pop-Song.
Mein Lieblingsfach Mein Lieblingsfach ist … Am liebsten mache ich … Am besten kann ich …	Deutsch, Mathematik, Sachunterricht, Kunst, Musik, Sport
Mein Lieblingshobby Mein Lieblingshobby ist … Am liebsten … ich … Ich … gerne …	lesen, malen, turnen, Karten spielen, verkleiden, Fahrrad fahren

Schneide die Kärtchen mit den Rahmen aus. Klappe sie so, dass die Rahmen oben sind.

Klebe in jeden Rahmen ein Foto. Das können Fotos von deiner Familie und von deinen Freunden sein.

Schreibe nun in die Klappkarte hinein, wer das ist.

Klebe die Klappkärtchen in dein Lapbook. Vorsicht: Klebe nur die Rückseite auf!

Meine Familie und Freunde Das ist … Das sind …	meine Mutter, meine Großmutter/Oma, mein Vater, mein Großvater/Opa, meine kleine/große Schwester, meine Tante, mein kleiner/großer Bruder, mein Onkel, mein Freund, meine Freundin

Schneide dein Wunschschloss aus. Schneide die Türen und das Klappfenster so aus, dass du sie zuklappen kannst.

Klebe das Schloss in dein Lapbook. Vorsicht: Klebe nicht die Türen und das Klappfenster auf.

Schreibe oder male deine Wünsche in die Türen.

Schließe sie dann mit einem Kügelchen Pattafix oder einer Musterklammer, wenn dein Wunsch geheim bleiben soll. Deine Lehrerin hilft dir dabei.

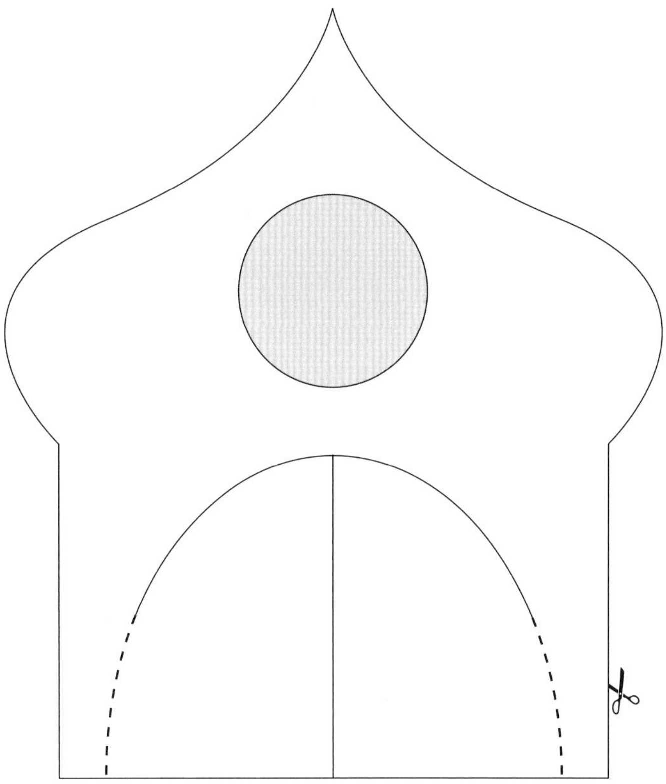

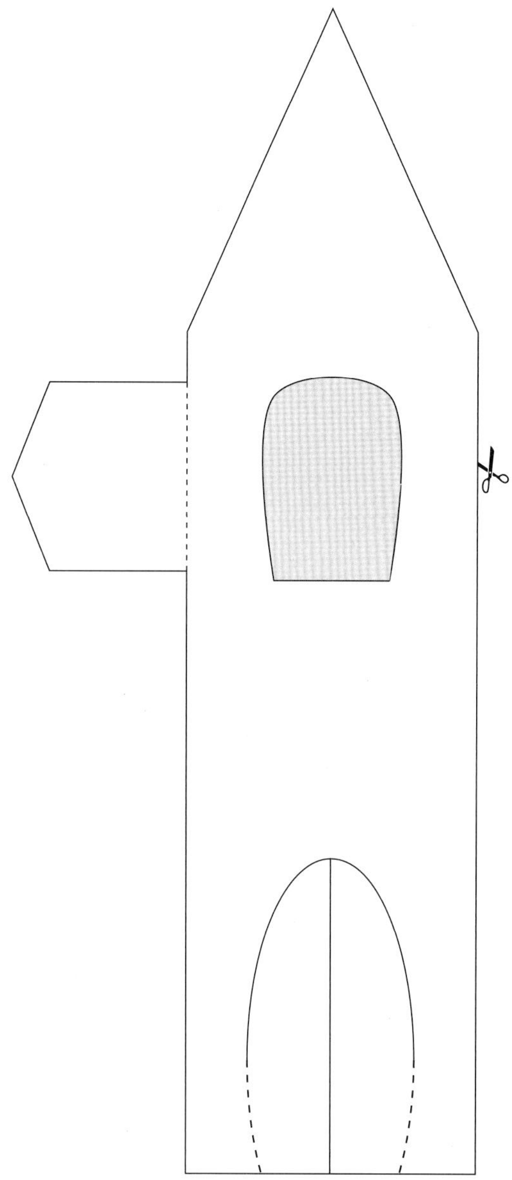

Mein Wunschschloss	
Ich wünsche mir …	ein eigenes Zimmer, gute Freunde.
Ich träume von …	neuen Sportschuhen, Frieden.
Ich hoffe, dass …	meine Familie gesund bleibt.

Schneide die Klappkarte aus. Knicke sie in der Mitte.
Schneide an den markierten Linie die rechte Seite ein.

Fülle die Lücken auf der rechten Seite mit Informationen über dich.

Klebe die x-Seite in dein Lapbook.

Schreibe hinter jedes Klapptürchen den Satz in deiner anderen Sprache.

Diese Seite nicht einschneiden. X	Ich heiße ______________________ ______________________________.
	Ich bin ______ Jahre alt.
	Ich komme aus ________________.
	Jetzt wohne ich in _____________.
	Ich habe ______________________ ______________________________.

Unsere Sprachen – unsere Schriften	
Ich komme aus …	dem Irak in Asien, Eritrea in Afrika.
Jetzt wohne ich in …	der Osterstraße 31, dem Finkenweg 15.
Ich habe …	eine Schwester, zwei Schwestern, einen Bruder, zwei Brüder.

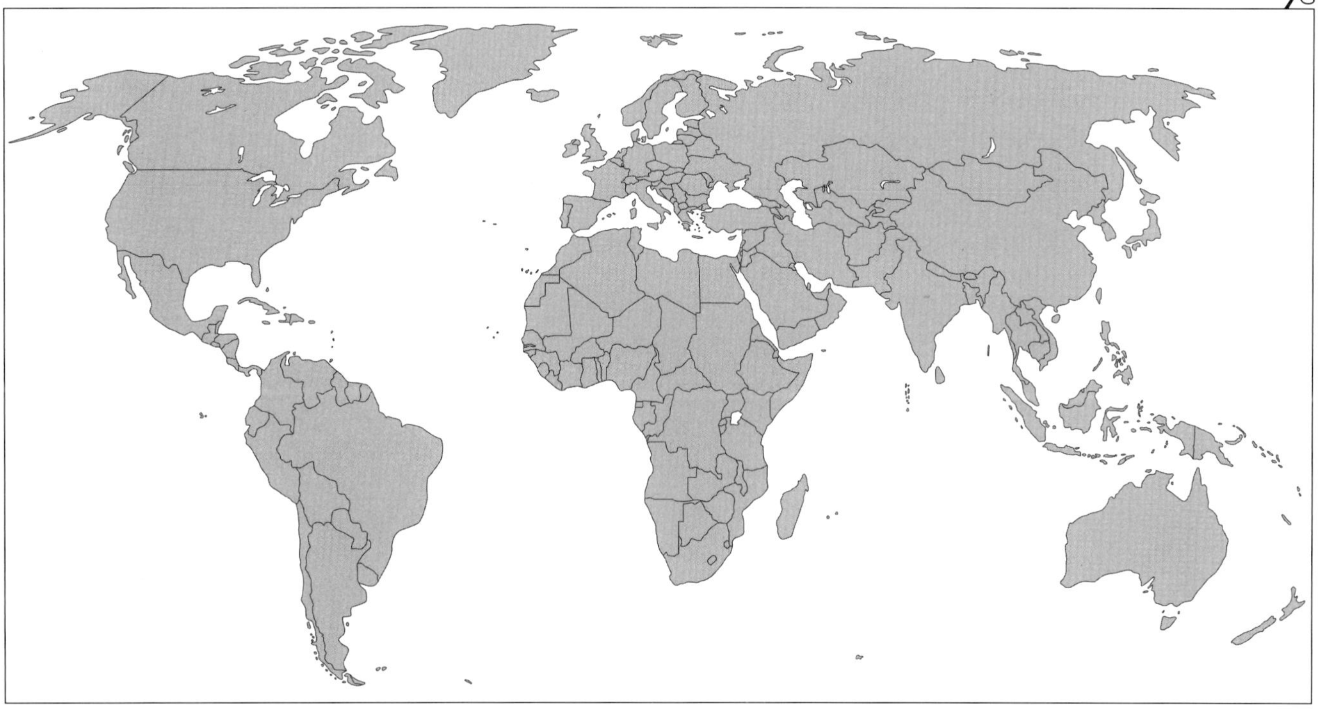

Schneide die Weltkarte aus. Schneide dann ein Leporello aus (S. 14). Wenn deine Familie aus Deutschland oder der Türkei kommt, schneide das Leporello mit dem passenden Land aus. Wenn deine Familie aus einem anderen Land kommt, schneide die Blankovorlage aus.

Schreibe den Namen des Landes und die Hauptstadt auf die Linien in das Kästchen 2. Schreibe die Namen auch in deiner anderen Sprache.

Schneide die Flagge deines Landes aus (S. 15). Wenn du die Flagge nicht findest, hat dein Lehrer ein passendes Bildchen für dich.

Klebe die Flagge deines Landes in das Kästchen 3.

Aus welcher Stadt kommst du? Schreibe deine Antwort in das Kästchen 4. Schreibe sie auch in deiner anderen Sprache.

Was magst du besonders an dem Land? Male ein Bild davon in das Kästchen 5.

Knicke die Kästchen an den markierten Stellen und falte sie zu einem Leporello.

Klebe die Weltkarte in dein Lapbook. Klebe dein Leporello neben die Weltkarte. Vorsicht: Klebe nur die Rückseite von Kästchen 5 auf.

Suche dein Land auf der Weltkarte. Male es an oder male eine Verbindung zu deinem Leporello.

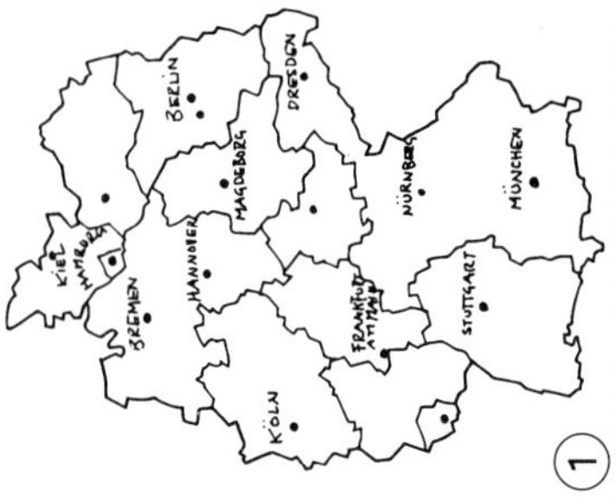

①

②

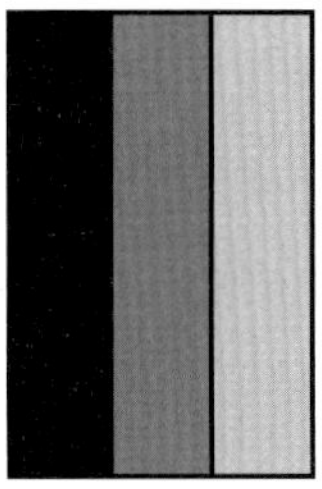

③

④

⑤

①

②

③

④

⑤

①

②

③

④

⑤

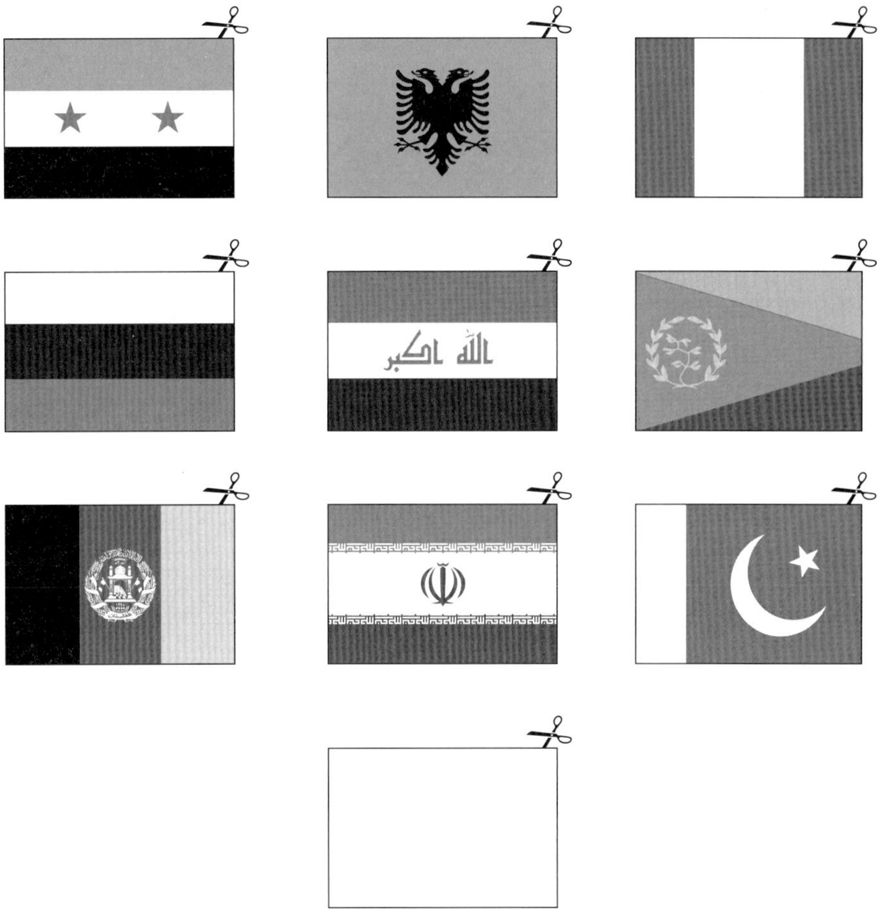
الله اكبر

Schneide die Vorlagen für die Taschen aus (S. 54).

Beschrifte nun deine vier Taschen:

- **eine Tasche mit blauem Stift: „der“**
- **eine Tasche mit rotem Stift: „die“**
- **eine Tasche mit grünem Stift: „das“**
- **eine Tasche mit gelbem Stift: „die – zwei oder mehr“**

Klebe die Taschen mit der Rückseite in dein Lapbook.

Schneide die Bild-Karten aus (S. 17).

Schreibe auf jede Rückseite das passende Wort aus dem Kasten.

Ordne die Karten nun in deine Taschen ein.

der Pinsel • die Schultasche • der Buntstift

der Hefter • der Turnbeutel • das Mäppchen

der Radiergummi • der Anspitzer • die Wasserfarbe

der Kleber • das Getränk • der Füller

die Schere • das Lineal • das Pausenbrot

die Brotdose • das Heft • das Deutschbuch

die Schultaschen • die Buntstifte • die Pausenbrote

die Getränke • die Radiergummis • die Scheren

BLAU

Schneide die Streifen aus (S. 18 und S. 55).

Schreibe das Nomen in Deutsch in das zweite Kästchen. Wenn du nicht weißt, was es ist, frage deine Mitschüler.
Schreibe das Nomen in deiner anderen Sprache in das dritte Kästchen.

Knicke an der gestrichelten Linie.

Klebe dann die Rückseite von dem Kästchen mit dem Bild in dein Lapbook.

Nomen

	2	3
	die Sekretärin	3
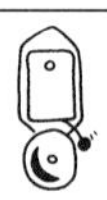	2	3

Schneide die Streifen aus (S. 18 und S. 55).

Schreibe die Verben und die Adjektive in Deutsch in das zweite Kästchen.
Verb: Was tut das Kind? Schreibt es oder malt es?
Adjektiv: Wie geht es dem Kind? Ist es traurig, fröhlich, wütend?
Schreibe die Wörter in deiner anderen Sprache in das dritte Kästchen.

Klebe dann die Rückseite von dem Kästchen mit dem Bild in dein Lapbook.

Verben

	2	3
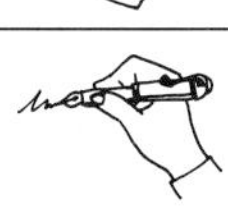	2	3
	2	3

Adjektive

	2	3
	2	3
	2	3

Schneide die beiden Kreise aus.
Schneide aus dem unteren Kreis den Ausschnitt aus.

Ergänze auf dem oberen Kreis die fehlenden Wörter und Sätze.

Klebe den beschrifteten Kreis in dein Lapbook. Befestige den anderen Kreis mit einer Musterklammer darüber. So zeigst du, was du den Tag über machst.

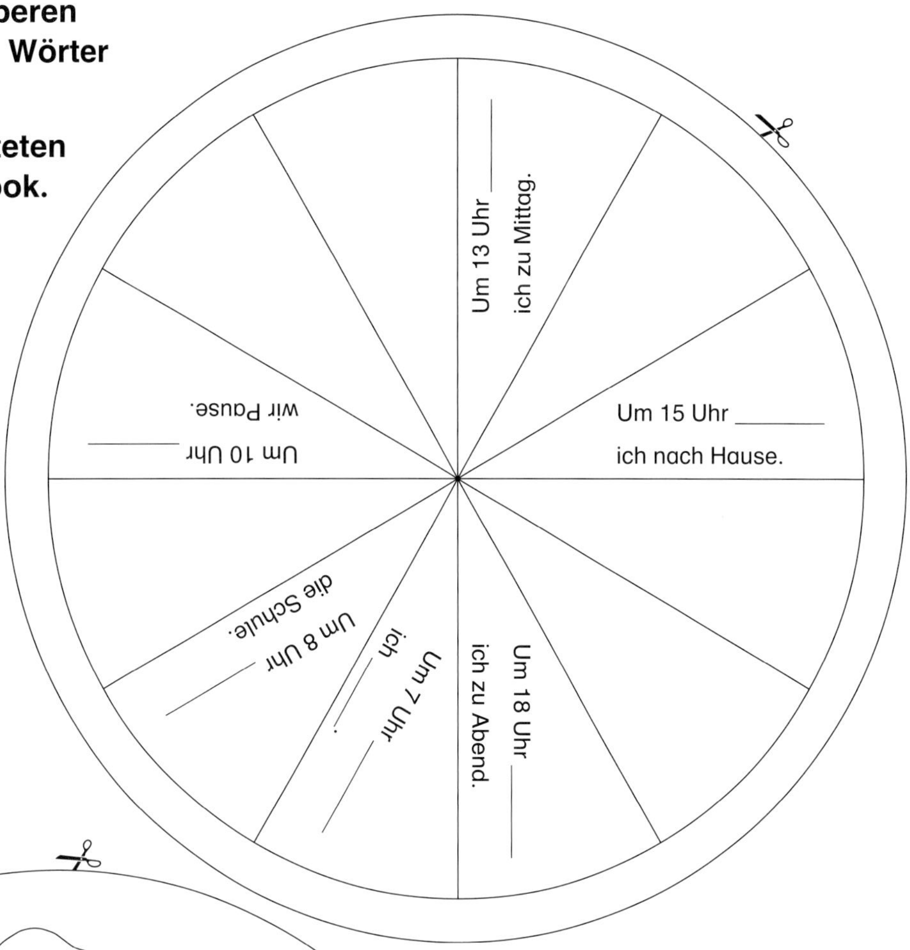

Schneide die Blume aus.

Knicke die Blütenblätter zur Mitte.

Schreibe auf die Rückseiten der Blütenblätter die Wochentage.
Schreibe auf die Vorderseiten, was du an diesem Wochentag machst.

Klebe die Blume nur mit der Rückseite der Mitte in dein Lapbook.
So kannst du die Blütenblätter schließen und öffnen.

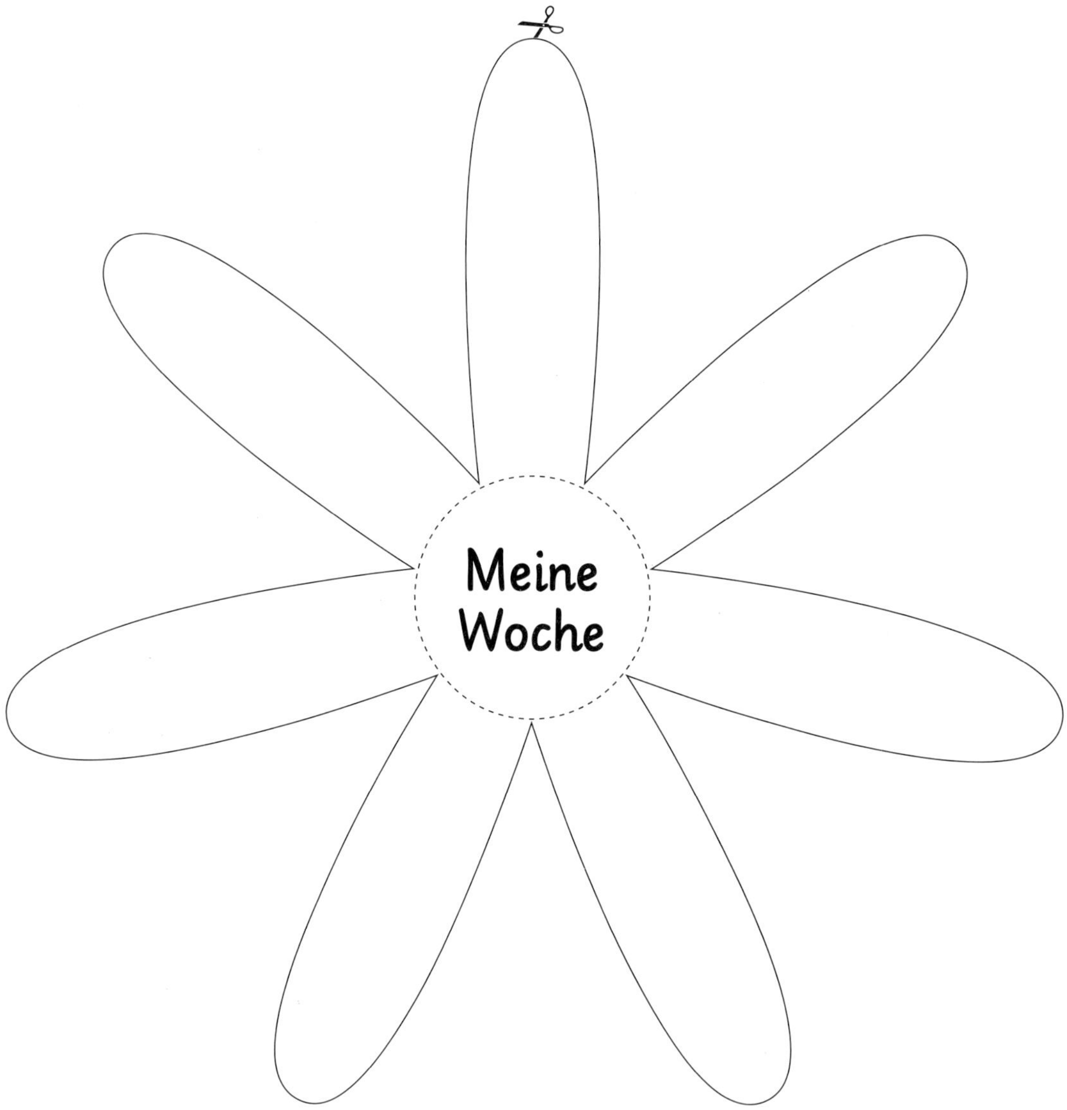

Meine Woche Ich spiele Fußball/Gitarre. Ich besuche/treffe Verwandte/Freunde. Ich gehe in die Stadt/einkaufen/zum Sport. Ich gucke meine Lieblingsserie.	Montag, Dienstag, Mittwoch, Donnerstag, Freitag, Samstag, Sonntag

In deiner Schule gibt es viele Menschen. Weißt du ihre Namen? Weißt du, was sie in der Schule tun? Mache Fotos von zwei Menschen. Finde heraus, was sie tun.

Klebe die Fotos in die Rahmen.

Schneide die Rahmen aus.

Schreibe die Namen und das, was die Menschen tun, auf die Rückseite des Rahmens.

Klebe die Rahmen nun in dein Lapbook.
Vorsicht: Klebe nur die Klebefläche auf.

KLEBER	KLEBER

Schulhausdetektive Das ist Frau/Herr … Sie/Er ist … Sie/Er arbeitet als … Sie/Er unterrichtet das Fach/in der Klasse …	Lehrer/in, Hausmeister/in, Sekretär/in, Reinigungskraft, Schulbegleiter/in, Referendar/in, Praktikant/in

Was gibt es in der Nähe deiner Schule? Was kannst du dort tun?

Schneide die Seiten des kleinen Klappbuchs aus.

Beschrifte die Seiten wie im Beispiel.

Klebe das Buch an den dünnen Klebestreifen zusammen.

**Schneide die Seiten an den markierten Linien auseinander.
Vorsicht: Die letzte Seite des Klappbuches wird nicht zerschnitten.**

Klebe dein Klappbuch mit der letzten Seite in dein Lapbook. Wenn du die Streifen unterschiedlich wegknickst, kannst du Quatschsätze lesen. Je mehr Orte du beschreibst, umso lustiger wird es.

KLEBER	Im Supermarkt
	kaufe ich
	Obst und Gemüse.

KLEBER	

KLEBER	

KLEBER	

Meine Schulumgebung Beim Bäcker kaufe ich … Auf dem Spielplatz spiele ich … Zuhause schlafe ich … Im Wald sammle ich … An der Bushaltestelle lese ich … Im Park pflücke ich …	ein Brötchen, eine Brezel, ein Stück Kuchen. mit meinen Freunden. in meinem Bett. Blätter und Früchte. ein Buch. Blumen für meine Eltern.

Schneide die Körbchen aus (S. 56) und falte sie.

Klebe sie dann in dein Lapbook.

Schneide die Wort-Bild-Karten aus.

Ordne sie nach Oberbegriffen. Schreibe die Oberbegriffe dann auf deine Körbchen. Wenn du möchtest, kannst du die Wörter auch in einer anderen Sprache auf die Rückseiten der Karten schreiben.

Ordne die Dinge, die du einkaufen möchtest, in das richtige Körbchen ein.

 der Apfel	 die Birne	 die Banane	 die Pflaume
 der Pfirsich	 die Ananas	 die Wassermelone	 die Erdbeere
 die Gurke	 die Aubergine	 der Lauch	 die Zwiebel

Wie kommst du zur Schule? Gehst du zu Fuß?
Fährst du mit dem Bus oder mit der S-Bahn?

Schneide die Bilder aus, die du brauchst, und beschrifte sie.

Klebe die fertigen Bilder über- oder nebeneinander in dein Lapbook.
Benutze dafür die grauen Streifen.

Mein Schulweg Ich gehe zu Fuß. Ich fahre mit … Dann nehme ich …	 der S-/U-Bahn, dem Bus, dem Auto, dem Fahrrad. die S-/U-Bahn, den Bus.

Manche Feste feiern wir immer am gleichen Tag, zum Beispiel deinen Geburtstag oder Weihnachten. Andere Feste fallen jedes Jahr anders, zum Beispiel Ostern, Ramadan oder das Eid al-Fitr (das Zuckerfest).

Frage dazu deine Lehrerin, deine Mitschüler und deine Eltern.

Schneide den Jahreskreis dann aus.

Beschrifte 12 Zeiger (S. 57) mit Festen, sodass jeder Monat einen Feiertag hat. Richte dich dabei nach den Feiertagen für das aktuelle Jahr.

Dann hefte sie mit einer Musterklammer über dem Jahreskreis zusammen.

Mein Geburtstag
Mein Namenstag

Advent
Asalha Puja
Baisakhi
Chanukka
Diwali
Himmelfahrt Mohammeds (Lailat al Miraj)
Holi
Eid al-Fitr (Fastenbrechen)
Jom Kippur
Magha Puja
Shivaratri
Ostern
Pessach
Pongal/Sankranti
Rosch Haschana
Silvester und Neujahr
Sukkot
Islamisches Neujahr
Uposatha
Vassa
Visakha Puja
Weihnachten

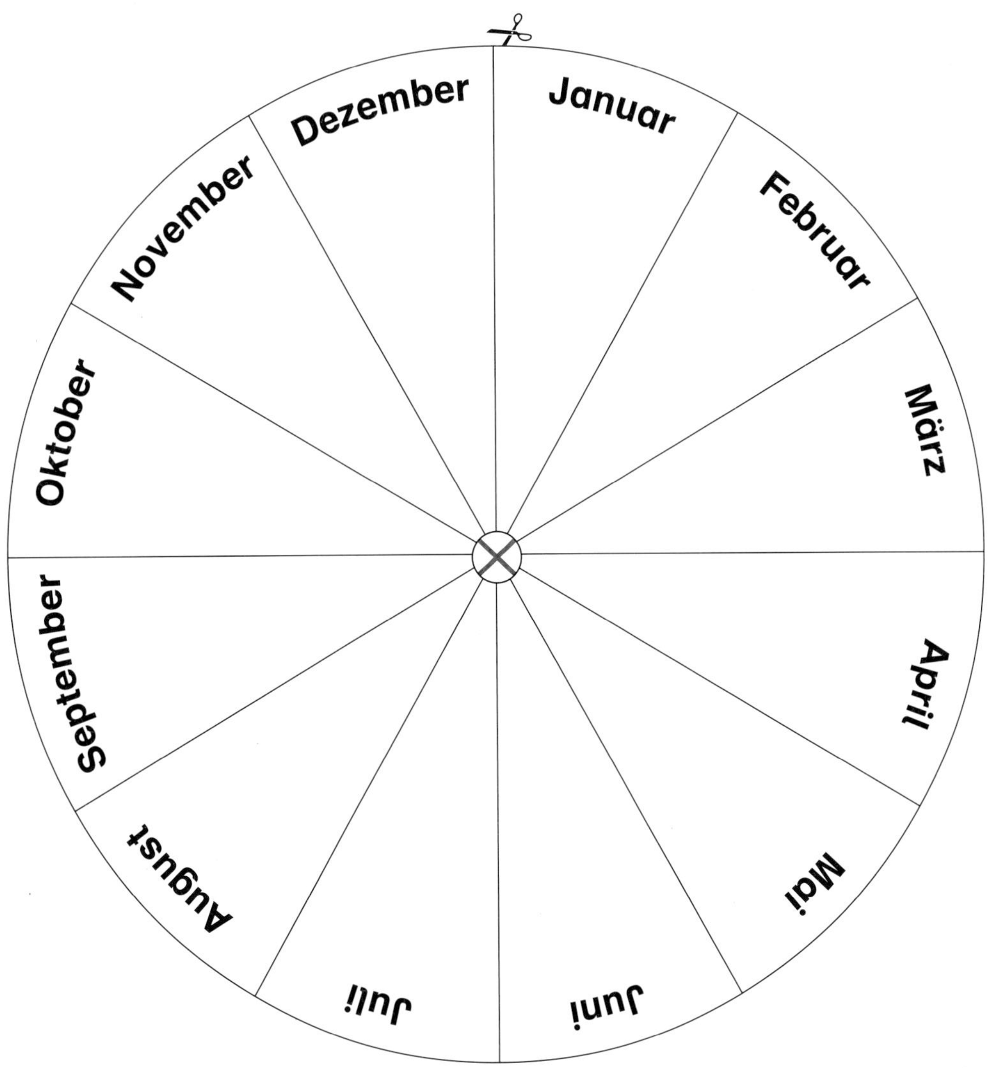

Du wohnst bestimmt mit netten Menschen zusammen oder hast ganz besondere Nachbarn.

Schneide die Bilderrahmen unten aus und klappe sie zu.

Male auf jeden zugeklappten Bilderrahmen ein Bild von einer Person, die mit dir zusammen oder in deiner Nähe wohnt.

Dann klappst du die Bilderrahmen auf. Schreibe rechts in den aufgeklappten Bilderrahmen ein paar Informationen über die Person und links ihren Namen. Klappe den Rahmen dann wieder zu.

Klebe die zugeklappten Bilderrahmen mit der Rückseite in dein Lapbook. Jetzt hast du ein Ratespiel für deine Mitschüler: Wer ist die Person auf dem Bilderrahmen?

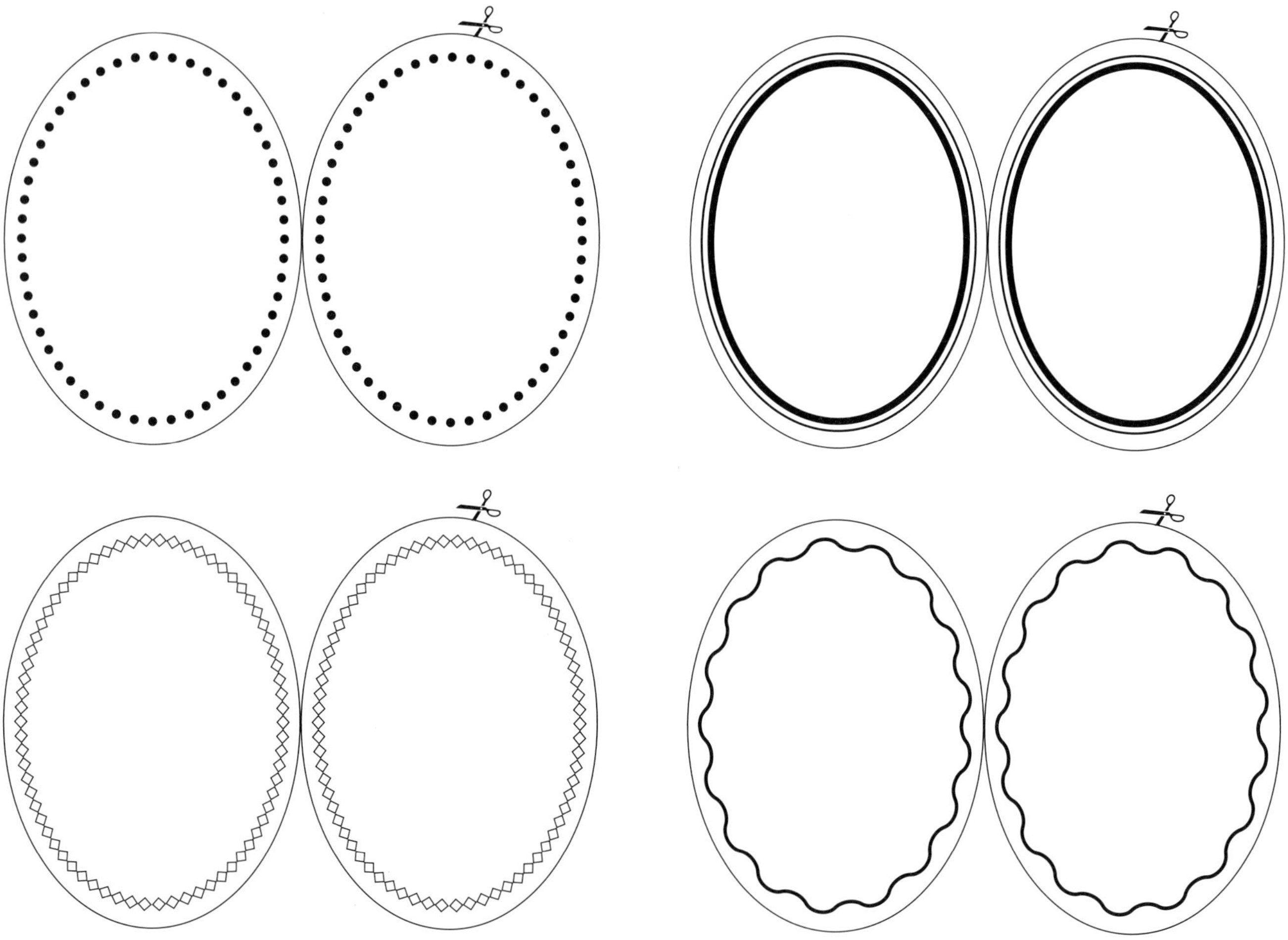

Nachbarn und Freunde Das ist mein/e … Er/Sie wohnt in …/kommt aus … Er/Sie hat … Er/Sie ist …	Nachbar/in, Lehrer/in, Mitschüler/in, Freund/in. Hamburg, Köln, Stuttgart, Berlin, Frankfurt. braune, blonde, rote Haare. lieb, nett, lustig, freundlich.

Wenn du dich mit jemandem treffen willst, musst du dich mit ihm oder ihr verabreden. Und du musst mit deinen Eltern sprechen. Was sagst du? Und was fragst du?

Schneide den zu dir passenden Kopf aus.
Schneide dann die 4 Sprechblasen aus.

Schreibe Sätze und Fragen in die Sprechblasen, die du brauchst, wenn du dich verabredest. Die Beispiele unten können dir helfen.

Klebe das Bild mit den Sprechblasen in dein Lapbook.

Das sage ich meinem Freund/ meiner Freundin:

____
____
____

Das sage ich meinen Eltern:

____
____
____

Das frage ich meinen Freund/ meine Freundin:

____
____
____

Das frage ich meine Eltern:

____
____
____

Verabredungen

Kannst du mich nachmittags abholen?
Darf ich morgen mit Max spielen?
Darf Anna morgen zu uns kommen?
Ich möchte zu Pauline gehen.
Pauline und ich wollen zusammen spielen.

Wollen wir heute Nachmittag spielen?
Gehen wir nach der Schule zum Spielplatz?
Wann und wo treffen wir uns?
Ich komme morgen um 3 Uhr zu dir.
Bring bitte deinen Ball mit.

Wie möchtest du wohnen? Wie sieht dein Traumhaus aus?

Schneide dein Traumhaus aus oder male ein eigenes.

Klebe es in dein Lapbook.

Was wünschst du dir sonst noch? Was gibt es um dein Haus herum? Und wo genau?

Schreibe Sätze in die Wolken.

Schneide sie aus und klebe sie an die richtige Stelle. Wenn du möchtest, kannst du die Dinge auch malen.

Mein Traumhaus In meinem Haus … Unter meinem Baumhaus … Hinter meinem Iglu … Über meinem Hausboot … Neben … Vor …	eine Blume, ein Fluss, ein Stern, ein Schatz, ein Einhorn, ein Trampolin, eine Rutsche, ein Fußballplatz, Freunde, Süßigkeiten, Bäume, Tiere

Was isst du am liebsten? Frage deine Mutter oder deinen Vater, wie dein Lieblingsessen zubereitet wird.

Schneide das Deckblatt unten und die Zettel (S. 58) aus.

Schreibe deine Lieblingsrezepte auf die Zettel: Was brauchst du? Wie bereitest du deine Lieblingsessen zu? Binde die Zettel dann mit einem Faden zusammen.

Klebe den unteren Zettel mit der Rückseite in dein Lapbook.

Am besten, du bereitest dein Lieblingsessen einmal zu und bringst es mit! Dann können es alle Kinder probieren.

Meine Rezepte

Ich brauche …

… Mehl, Milch, Öl, Eier, frische Kräuter, eine Zwiebel, zwei Tomaten, eine Dose Kichererbsen …

… ein Brettchen, ein Messer, eine Gabel, einen Löffel, einen Mixer, einen Schäler …

Ich wasche, schäle, schneide, koche, brate, backe …

… die Kartoffeln, die Aubergine, die Zwiebel, die Tomaten, die Äpfel, das Mehl …

Mutter • Vater • Tochter • Sohn • Bruder • Schwester • Oma • Opa
Tante • Onkel • Cousin • Cousine

Suche dir vier Wörter zum Thema Familie aus dem Kasten aus.
Schreibe die Wörter auf die Klappkarten 1–4.

Frage deine Mitschüler, wie die Wörter in anderen Sprachen heißen.
Schreibe die Wörter auf die Klappkarten 5–12. Schreibe die Sprache dazu!

Schneide dann alle beschrifteten Klappkarten aus.

Klebe das Kärtchen mit dem deutschen Wort in dein Lapbook.
Beklebe die komplette Rückseite.

Dann klebe die anderen Kärtchen mit demselben Wort darüber. Vorsicht: Klebe nur die Rückseiten der grauen Flächen auf. So entsteht eine Art Wörterbuch.

Weißt du noch, was die Wörter bedeuten? Jetzt hast du ein Ratespiel für dich und deine Mitschüler.

Karten 1–4

Auf Deutsch sage ich: ____ ____	Auf Deutsch sage ich: ____ ____	Auf Deutsch sage ich: ____ ____	Auf Deutsch sage ich: ____ ____

Karten 5–12

Auf ____ sage ich: ____ ____	Auf ____ sage ich: ____ ____	Auf ____ sage ich: ____ ____	Auf ____ sage ich: ____ ____

Auf ____ sage ich: ____ ____	Auf ____ sage ich: ____ ____	Auf ____ sage ich: ____ ____	Auf ____ sage ich: ____ ____

Was hast du in der letzten Woche Schönes erlebt?
Schreibe einen Brief an einen Brieffreund.

Schneide das Briefpapier aus.

Mache dir Notizen zu deiner Woche. Hast du etwas gefeiert? Was gab es zu essen? Warst du mit Freunden oder mit deiner Familie unterwegs? Scheibe deine Erlebnisse in ganzen Sätzen auf. Wenn du fertig bist und unterschrieben hast, falte deinen Brief.

Klebe einen Briefumschlag in dein Lapbook. Vorsicht: Klebe ihn mit der Rückseite auf.

Jetzt kannst du deinen Brief hineinstecken. Lade andere Kinder ein, deinen Brief zu lesen. Dann darfst du bestimmt auch andere Briefe lesen und spannende Dinge erfahren.

Liebe / Lieber ______________________,

heute erzähle ich dir von

____

____

____

Deine / Dein

____

Mein Brieffreund Heute erzähle ich dir von … Meine Freunde waren da. Es gab Kuchen und Saft. Ich war mit meiner Familie im Park. Wir haben nachmittags einen Ausflug gemacht.	meinem Geburtstag, dem Geburtstag von Jasmin, Ostern, Weihnachten, Muttertag, Vatertag, unserem Picknick im Park, meiner Radtour mit meiner Familie, unserem Ausflug in den Zoo.

Freunde sind ganz besonders wichtig. Sie begleiten dich dein ganzes Leben lang.

Schneide die Herzen aus.

Knicke die Herzen an der gestrichelten Linie.

Schreibe auf die Vorderseite den Namen deines Freundes oder deiner Freundin. Schreibe in das Herz, was du an ihm oder ihr magst.

Schneide die Sterne aus (S. 59).

Schreibe in die Mitte des Sterns den Namen eines Freundes oder einer Freundin. Suche passende Adjektive und schreibe sie in die Strahlen.

Klebe die Herzen und Sterne in dein Lapbook.
Klebe dazu jeweils nur eine Unterseite auf.

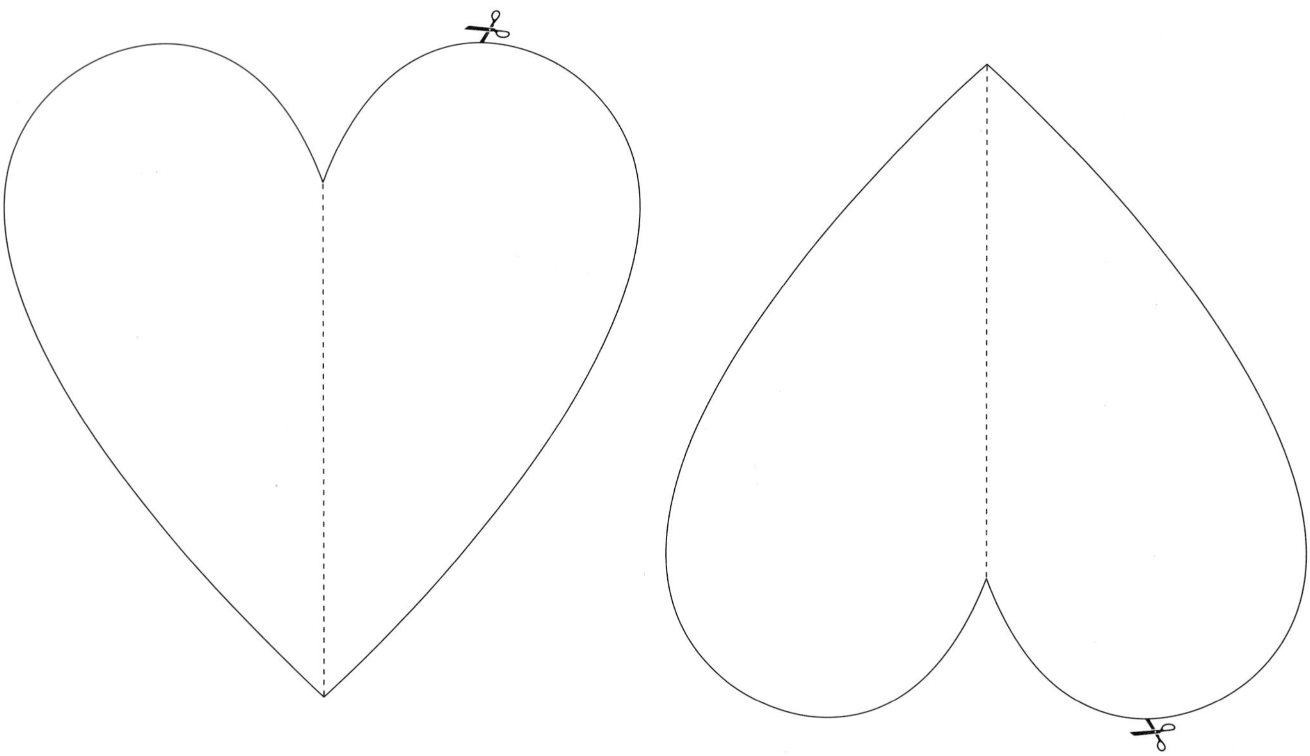

Freundschaft Mein/e Freund/in heißt … Er/Sie ist … Ich mag sie/ihn besonders, weil …	clever, sportlich, albern, kreativ, abenteuerlustig, toll, super, lieb, witzig, verrückt …

Einige Freunde siehst du in der Schule, einige triffst du in deiner Freizeit. Ihr erlebt sicher viel zusammen.

Suche dir einen Freund. Überlegt zusammen, was ihr
- **schon gemacht habt.**
- **noch erleben möchtet.**

Schreibt eure Ergebnisse auf die Streifen (S. 60). Schreibe auf die Sternstreifen, was ihr schon gemacht habt, und auf die Herzstreifen, was ihr noch zusammen erleben möchtet.

Schneidet die Streifen aus. Dann schneidet die zwei Taschen aus und faltet sie.

Klebt die Taschen mit der Rückseite in eure Lapbooks. Dann könnt ihr die Streifen in die passende Tasche einsortieren.

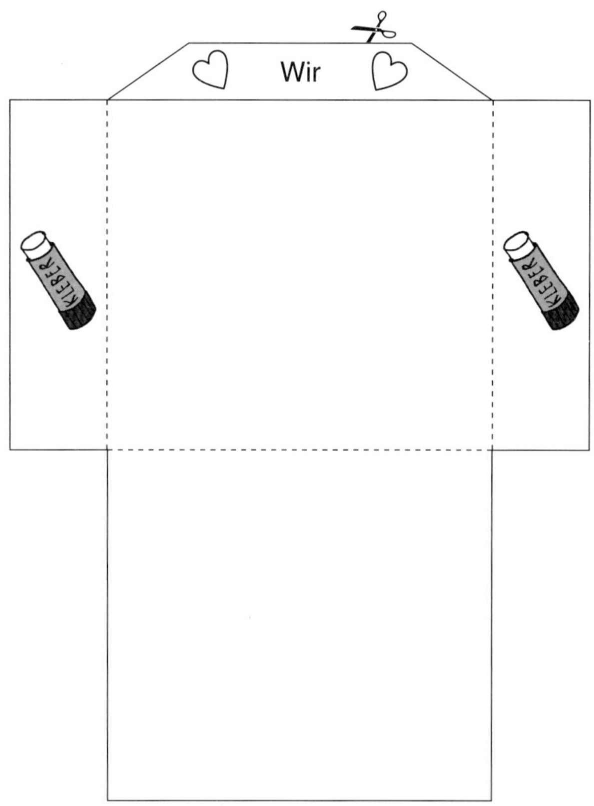

Freundschaft Wir haben schon zusammen …	auf dem Spielplatz gespielt, Bilder gemalt, Bücher gelesen, Briefe geschrieben, gebastelt.
Wir sind schon zusammen …	geschwommen, getaucht, Fahrrad gefahren.
Wir möchten noch gemeinsam …	in den Zoo gehen, Schätze finden, Schlitten fahren.

Was willst du später werden? Hast du einen Traumberuf?
Und was wünschst du dir für deine Zukunft?

Schneide die Klappkarte aus. Klappe sie zusammen.

Nimm einen Spiegel und male ein Porträt von dir auf die Vorderseite. Deine Lehrerin erklärt dir, was das ist.

Schreibe in die linke Innenseite, was du einmal werden willst und was du dir für die Zukunft wünschst.

Klebe deine Klappkarte mit der Rückseite in dein Lapbook.

Das will ich einmal werden:

Das schaffst du!

Was ich mal werden will Ich will … werden. Ich möchte … sein.	… Forscher/in, Eisverkäufer/in, Arzt/Ärztin, Astronaut/in, Lehrer/in, Zirkusartist/in, Kanzler/in, Mechaniker/in, Anwalt/Anwältin, Pirat/in, Polizist/in, Millionär/in, zufrieden, gesund, glücklich, clever, reich, hübsch, berühmt …
Ich will … werden, weil …	ich anderen Menschen helfen möchte. ich Eis liebe. ich Autos total spannend finde. ich die Welt verändern will. ich gerne tanze und turne.

Weißt du, wie man „Mein bester Freund“ und „Meine beste Freundin“ in anderen Sprachen sagt? Frage die anderen Kinder.

Notiere die Antworten zuerst auf einem „Schmierzettelchen“.

Schneide die zwei Wortleisten aus: einmal „Mein bester Freund“ und einmal „Meine beste Freundin“.

Schreibe in die mittleren Felder die Übersetzungen.

Jetzt schneide die beiden Schieberahmen aus. Falte sie so um deine Wortleisten herum, dass du die Übersetzungen gut durch den Rahmen lesen kannst.

Dann klebe sie an der Klebefläche zusammen. Jetzt kannst du den Rahmen hin und her bewegen. Zum Schluss klebst du die Wortleisten mit den Schieberahmen in dein Lapbook.

Schieberahmen

Klebefläche

Mein bester Freund

Klebefläche

Meine beste Freundin

Wortleiste: Mein bester Freund

Klebefläche

auf Russisch

auf Englisch

auf Arabisch

Klebefläche

Wortleiste: Meine beste Freundin

Klebefläche

Klebefläche

Mein bester Freund
Bulgarisch, Englisch, Farsi, Französisch, Griechisch, Italienisch, Japanisch, Kroatisch, Polnisch, Portugiesisch, Rumänisch, Serbisch, Spanisch, Tamil, Türkisch, Urdu

Welche Spiele kennst du aus deinem Heimatland?
Welche Spiele kennst du aus anderen Ländern?
Was braucht man?

Schneide die Spielanleitung aus.

Fülle sie mit Informationen über dein Lieblingsspiel.

Schneide die Gegenstände aus, die man für dein Spiel braucht.

Klebe die Gegenstände auf deine Spielanleitung. Dann kannst du die fertige Spielanleitung in dein Lapbook kleben.

Erkläre deinen Mitschülern mithilfe der Anleitung, wie man das Spiel spielt.

Spielanleitung

Das Spiel heißt ______________________.

Die Kinder in ________________ spielen es.

Man braucht ______ Spieler und

____

Viel Spaß beim Spielen!

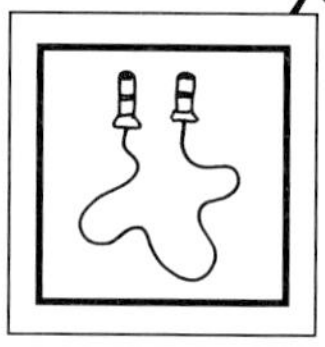

Spiele Das Spiel dauert … Man spielt das Spiel … Der Spieler gewinnt, der …	fünf Minuten, eine halbe Stunde, mehrere Stunden, mehrere Tage. auf einem Spielbrett, drinnen, draußen, im Wald. die meisten Karten hat, am schnellsten im Ziel ist.

Welche Klatschspiele kennst du? Welches ist dein Lieblings-Klatschspiel?

1 2 3 4 5 6 7, in der Schule wird geschrieben,
in der Schule wird gelacht, bis der Lehrer Handstand macht.

Bei Müllers hat`s gebrannt, brannt, brannt,
da bin ich weggerannt, rannt, rannt ...

Schreibe dein Lieblings-Klatschspiel auf die Schreibzeile in der rechten Hand.

Schneide die Hände aus und klappe sie zusammen. Schreibe auf die Vorderseite, wie dein Klatschspiel heißt.

Klebe die Rückseite in dein Lapbook.

Möchtest du ein Klatschspiel in einer anderen Sprache lernen? Schreibe es bei einem anderen Kind ab. Lerne es mit dem Kind auswendig. Dann könnt ihr es zusammen spielen.

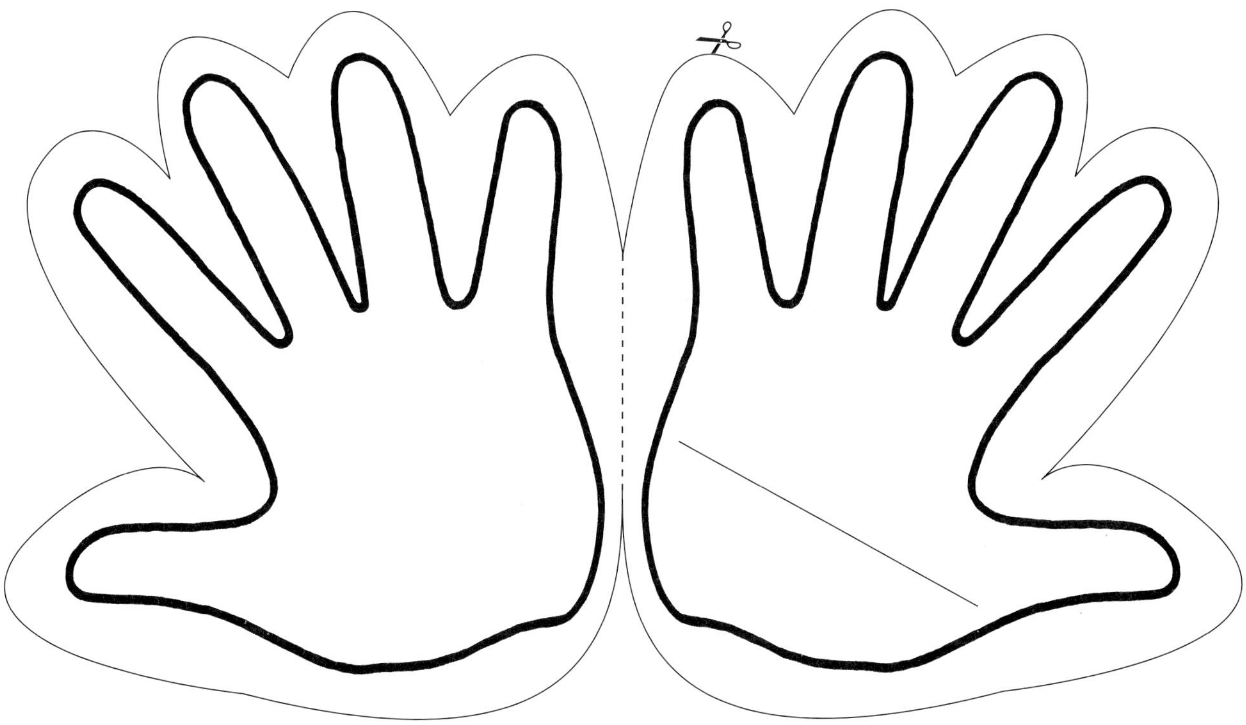

Was trägst du am liebsten?
Wie sehen deine liebsten Kleidungsstücke aus?

Schneide die Wäscheleine aus und klebe sie in dein Lapbook. Vorsicht: Klebe nur die beiden Stangen und nicht die Leine auf.

Schneide deine Lieblingskleidungsstücke aus und male sie an. Wenn du nichts Passendes findest, kannst du die Kleider auch selber malen und ausschneiden.

Hefte deine Lieblingskleidung mit Büroklammern an die Wäscheleine. So kannst du deine Kleider öfter wechseln.

Meine Lieblingskleidung Mein liebstes Kleidungsstück ist … Ich mag meine Schuhe, …	meine blaue Hose, meine gelbe Strumpfhose, mein weißer Pullover, mein schwarzes T-Shirt, mein roter Rock. weil sie gelb, rot, grün, bequem sind. weil ich sie von meiner Oma bekommen habe.

Kennst du deinen Körper gut? Gerade wenn es dir nicht gut geht, musst du sagen können, was dir wehtut.

Schneide den Körperumriss aus, der zu dir passt.

Male dein Gesicht hinein. Nimm einen Spiegel dazu.

Klebe ihn in dein Lapbook.

Schaue dir die einzelnen Körperteile auf den Bildern an.

Male die Körperteile in den Körper in deinem Lapbook.
Male Pfeile an die richtigen Stellen und schreibe die Namen der Körperteile daneben.

Jetzt kannst du immer nachsehen, wie die Köperteile heißen.

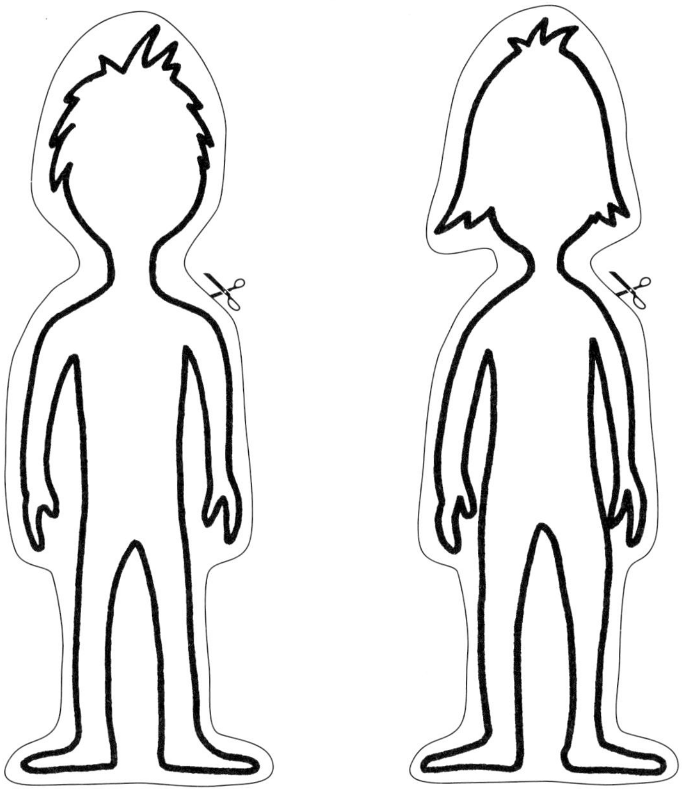

						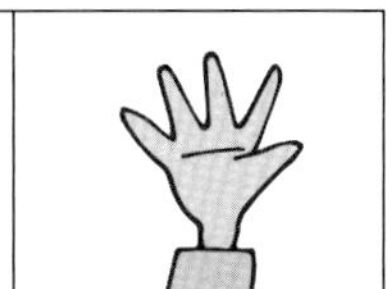
der Arm, die Arme	das Auge, die Augen	der Bauch	das Bein, die Beine	der Fuß, die Füße	der Hals	die Hand, die Hände

das Knie, die Knie	der Kopf	der Mund	die Nase	das Ohr, die Ohren	der Zahn, die Zähne	der Rücken

Wie ist das Wetter heute? Wo regnet es? Wo scheint die Sonne? Recherchiere und mache deinen eigenen Wetterbericht!

Schneide die Deutschlandkarte und die Wettersymbole aus.

Klebe die Deutschlandkarte in dein Lapbook. Klebe die Wettersymbole an die passende Stelle der Deutschlandkarte.

Schreibe daneben, wie das Wetter ist.

Wo wärst du heute gerne?

Male ein Herz um den Ort und schreibe, warum du gerne dort wärst. Dann stelle deinen Wetterbericht deinen Mitschülern vor.

Das Wetter	
Es ist …	sonnig, bewölkt, nebelig, windig, regnerisch.
Ich mag es, wenn …	die Sonne scheint, es regnet/gewittert.
Ich wäre heute gerne in …	Stuttgart, Köln, Hamburg, München.

Bastel eine Pop-up-Karte für deine Fantasiewelt. Dein Lehrer kann dir dabei helfen.

Du brauchst:
- **1 farbiges DIN-A5-Blatt oder Tonpapier**
- **1 Lineal**
- **1 Schere**

So wird's gemacht:

1. Falte das Papier genau in der Mitte.

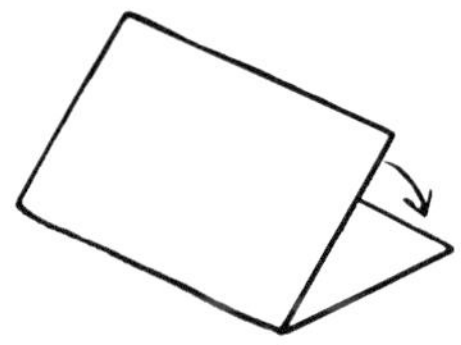

2. Zeichne an der Faltlinie 2 Linien ein (zum Beispiel 3 cm lang, Abstand 2 cm).

3. Schneide das Papier an diesen Linien ein.

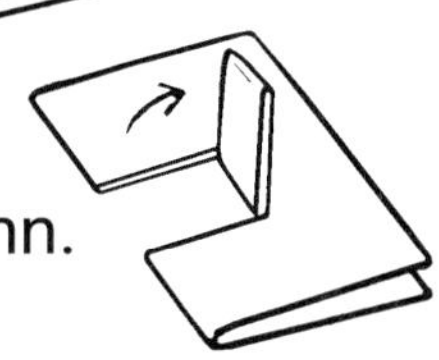

4. Klappe den eingeschnittenen Streifen um und falte ihn.

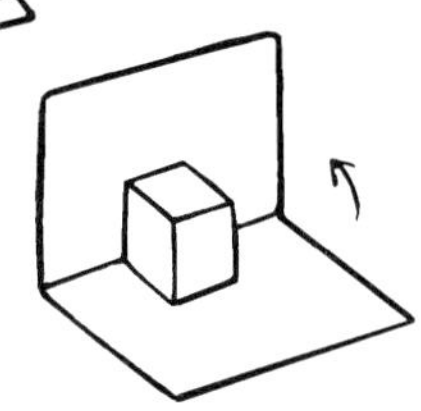

5. Falte das Papier wieder auf und drücke den Streifen nach innen. Jetzt schaut der Streifen aus der aufgeklappten Karte heraus.

Deine Pop-up-Karte ist fertig?

Dann male jetzt das Bild für deine Fantasiewelt. Vorsicht: Deine Zeichnung muss später auf die Klapplaschen passen.

Was gibt es in der Welt? Welche Tiere und Wesen leben dort? Welche Farbe haben die Bäume und Blumen? Gibt es ein Gebäude?

Schneide deine Zeichnung aus und klebe sie auf die hervorstehende Lasche deiner Klappkarte. Dann verschließe die Karte wieder – entweder mit einer Büro- oder einer Musterklammer.

Schreibe auf die Vorderseite deiner Klappkarte, was es in deiner Fantasiewelt gibt.

Dann klebe deine Karte mit der Rückseite in dein Lapbook.

Meine Fantasiewelt In meiner Fantasiewelt gibt es … Die Pflanzen haben … Die Tiere können … An den Bäumen wachsen …	sprechende Blumen, Einhörner, Zwerge. lange Beine, riesige Blüten, Gesichter. Purzelbäume machen, Fahrrad fahren. Schokoriegel, Goldmünzen, Wolken.

Schneide den Kreis aus. Schneide danach sechs Strahlen (S. 61) aus.

Male die Hände im Kreis mit bunten Farben aus.

Welche Rechte kennst du? Welche sind dir besonders wichtig?

Schreibe deine sechs wichtigsten Kinderrechte in die Strahlen.

Klebe den Kreis in dein Lapbook. Dann klebe die Strahlen um den Kreis – wie eine Sonne.

Jetzt kannst du sehen, welche Rechte dir und deinen Mitschülern besonders wichtig sind.

Kinder haben das Recht auf ...

Bildung	Das bedeutet: Wir dürfen zur Schule gehen und lernen.
Schutz vor Gewalt	Das bedeutet: Niemand darf uns wehtun.
Schutz vor Krieg	Das bedeutet: Wenn es Krieg in unserem Land gibt, dürfen wir mit unseren Familien in ein anderes Land ziehen.
Gleichheit	Das bedeutet: Alle Menschen sind gleich viel wert – Jungen und Mädchen, Kinder und Erwachsene, Menschen mit und ohne Behinderung, Menschen mit unterschiedlichen Hautfarben usw.
Spiel und Freizeit	Das bedeutet: Wir Kinder dürfen spielen und toben und bekommen dafür auch Zeit.
Fürsorge	Das bedeutet: Jemand kümmert sich um uns.
Betreuung	Das bedeutet: Jemand passt gut auf uns auf.
Meinungsfreiheit	Das bedeutet: Wir dürfen sagen, was wir denken, wenn wir es freundlich und friedlich sagen.

Male dich auf die eine Seite des Blattes und schreibe deinen Namen auf die andere.
Oder schreibe deinen Namen in verschiedenen Schriften auf beide Seiten.

Klebe das Blatt auf dein gefaltetes Lapbook.

Schneide es erst zum Schluss auseinander.

Dieses Lapbook gehört

Schneide zwei bis drei Motive aus, die du auf dein Deckblatt kleben möchtest. Du kannst selber entscheiden, ob du lieber Herzen, Sterne oder Blumen magst.

Schreibe in deiner schönsten Schrift auf die Motive:

- **deinen Namen**
- **den Namen deiner Schule**
- **den Namen deines Lieblingslehrers oder deiner Lieblingslehrerin**
- **die Namen deiner Eltern**
- **den Namen deines besten Freundes oder deiner besten Freundin**

Schneide den lachenden Smiley aus.
Klebe ihn in die Mitte auf dein Lapbook.
Du kannst ihm noch Ohren und Haare malen, wenn du magst.
Schneide ihn erst zum Schluss auseinander.
Jetzt lacht er dich an, wenn dein Lapbook geschlossen ist.

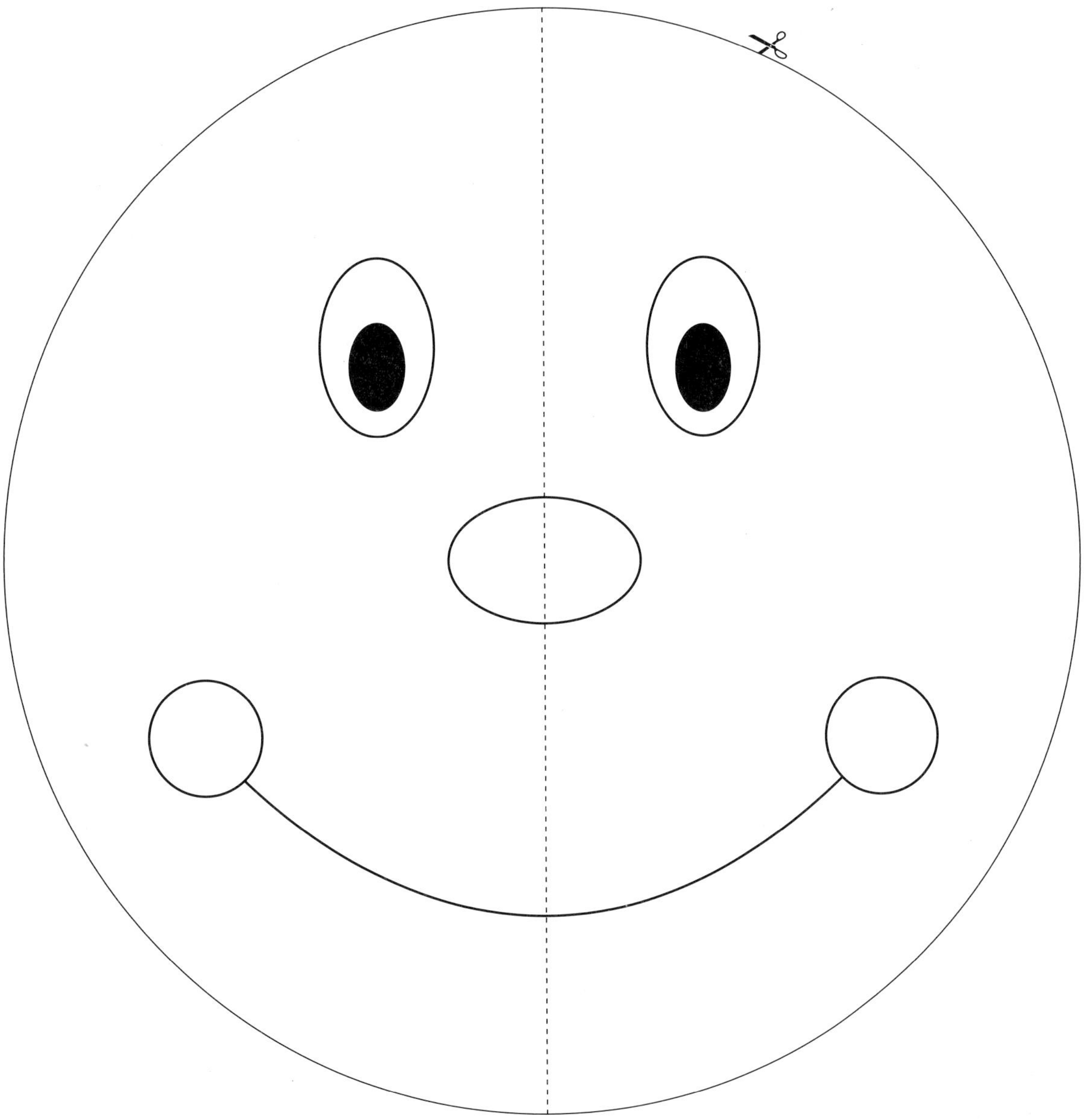

1 Du und ich – Meine Schulsachen, Seite 16

2 Mein kleines Bilder-Wörterbuch, Seite 18

Nomen

	der Hausmeister	3
	2	3
	2	3

Verben

	2	3
	2	3
	2	3

Adjektive

	2	3
	2	3
	2	3

3 Sich orientieren – Ich kaufe ein, Seite 23

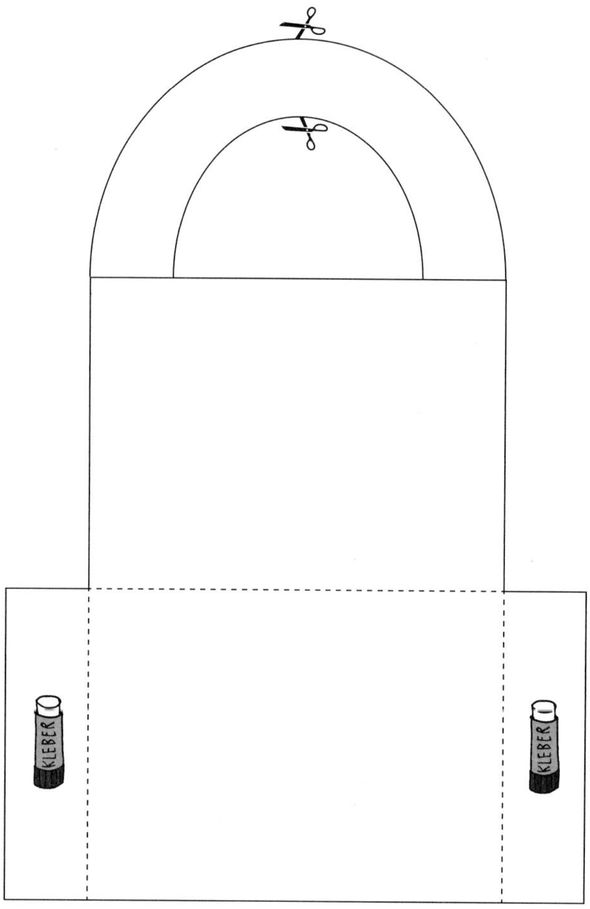

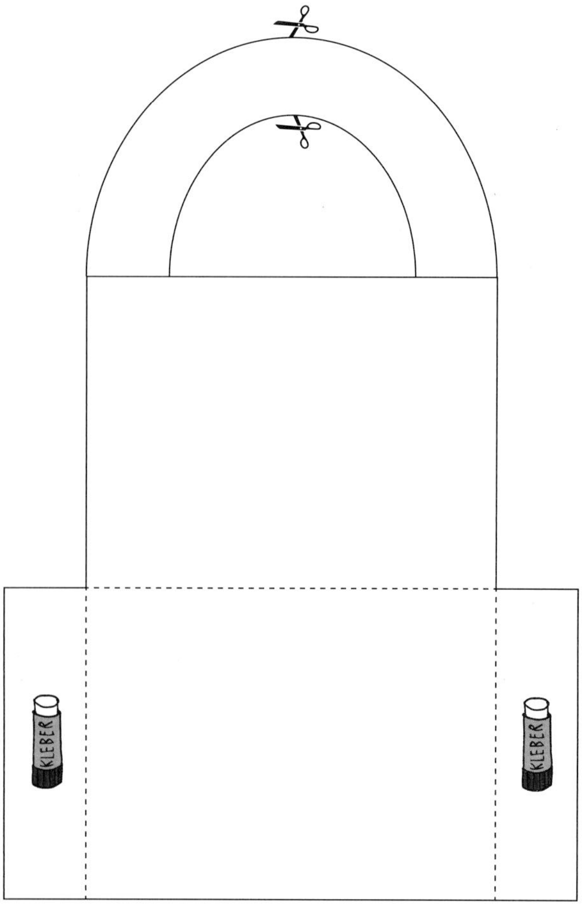

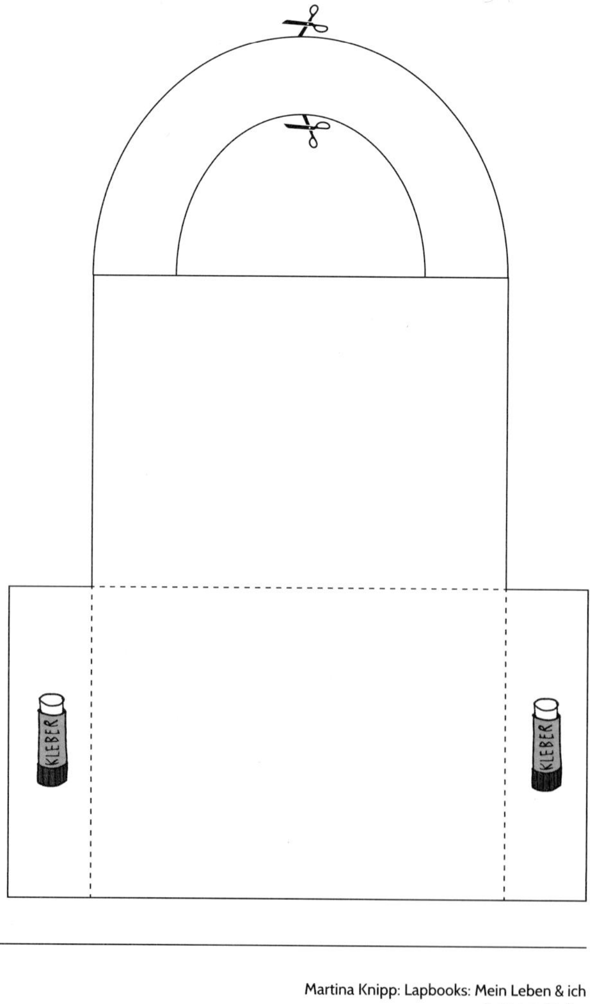

3 Sich orientieren – Das Jahr, Seite 29

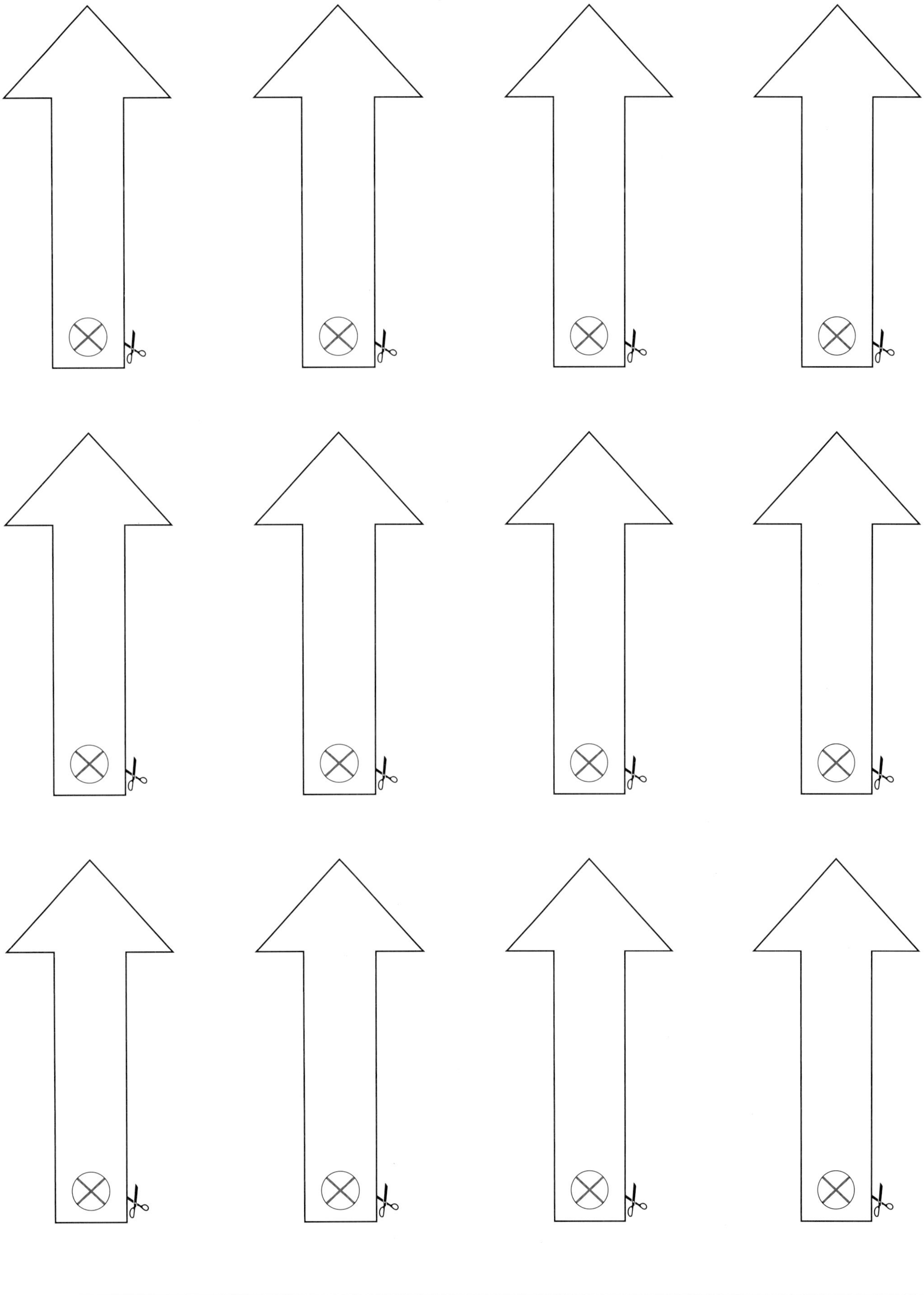

4 Miteinander leben – Meine Rezepte, Seite 33

Mein Lieblingsessen

Das sind die Zutaten:

Ich brauche:

Mein Lieblingsessen

Das sind die Zutaten:

Ich brauche:

5 Was mir wichtig ist – Freundschaft, Seite 36

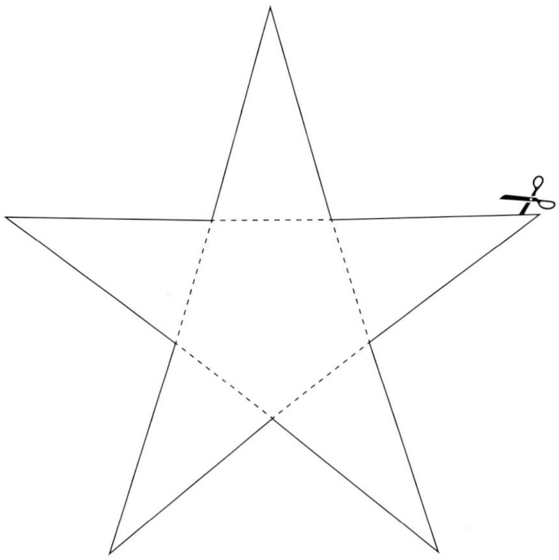

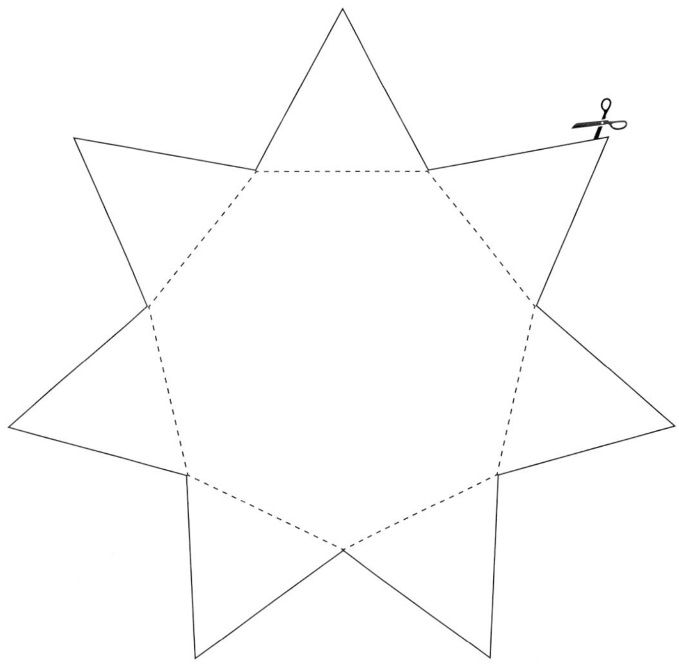

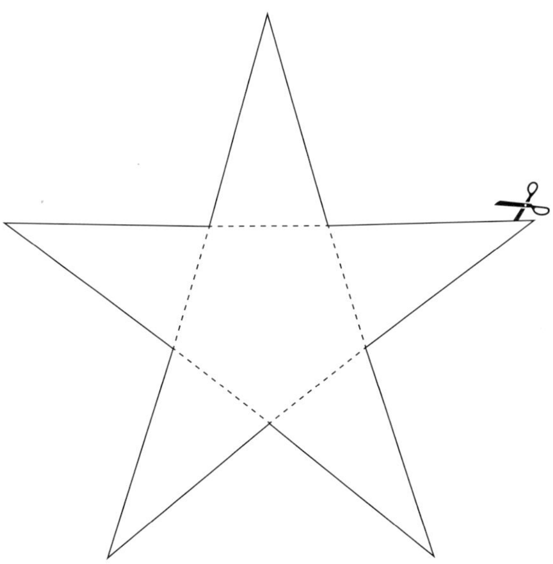

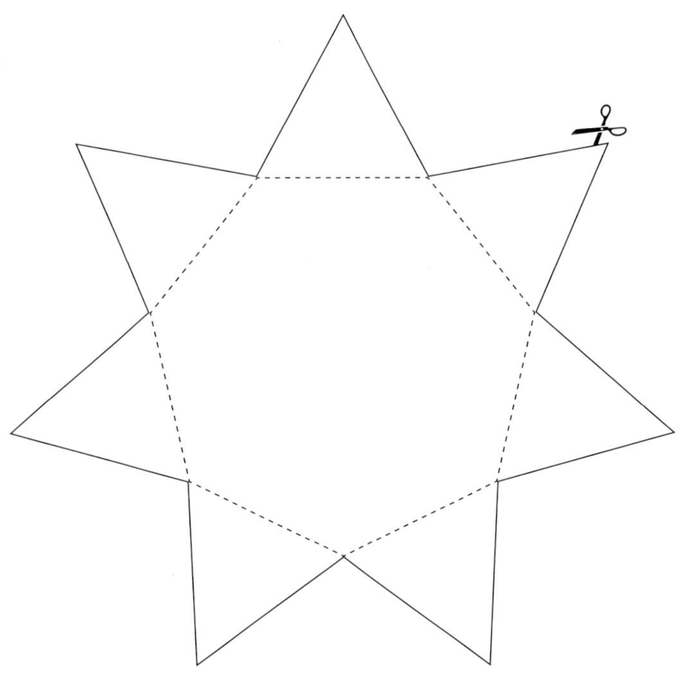

5 Was mir wichtig ist – Freundschaft, Seite 37

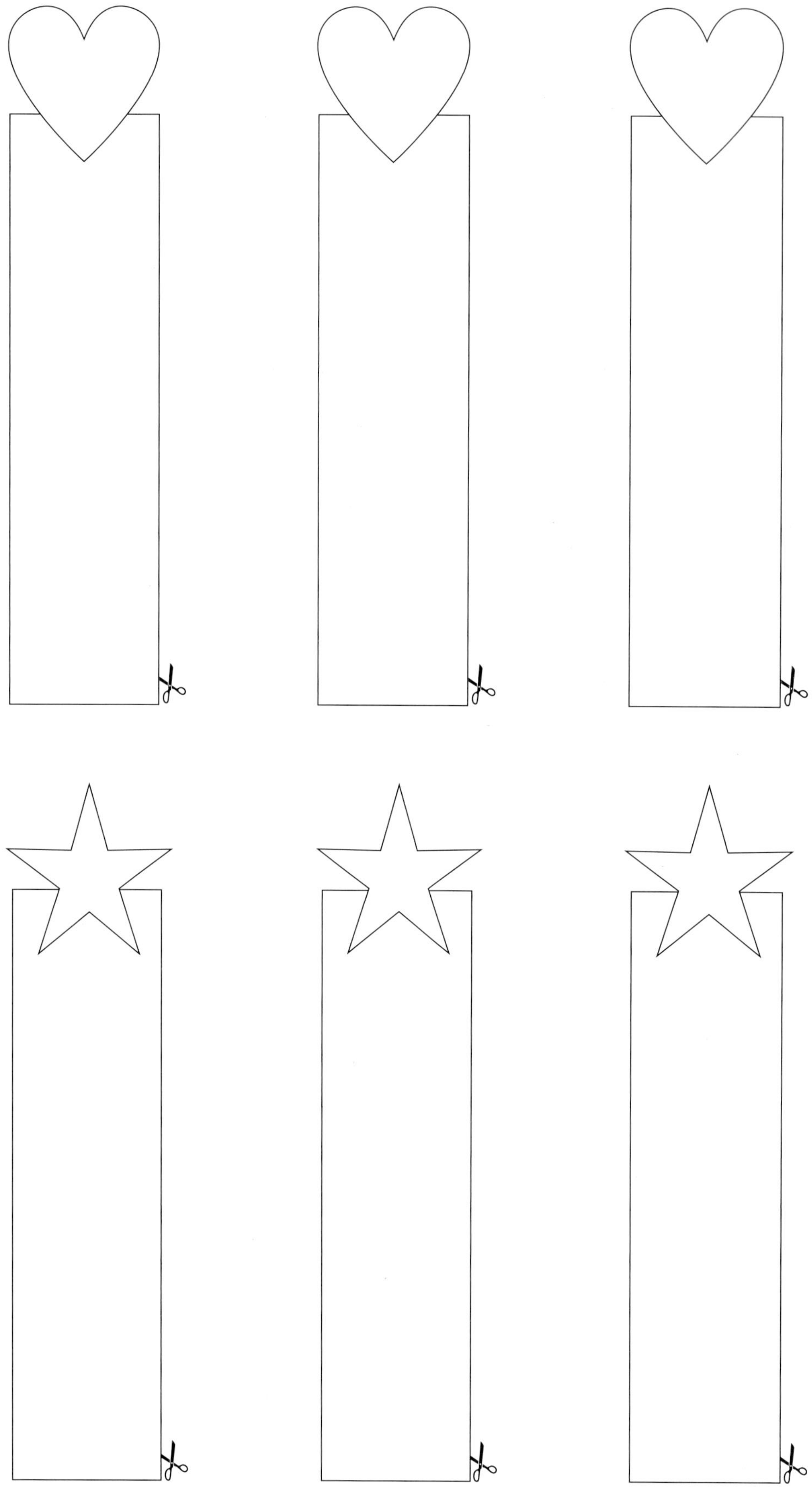

6 Sich wohlfühlen – Kinder haben Rechte, Seite 48

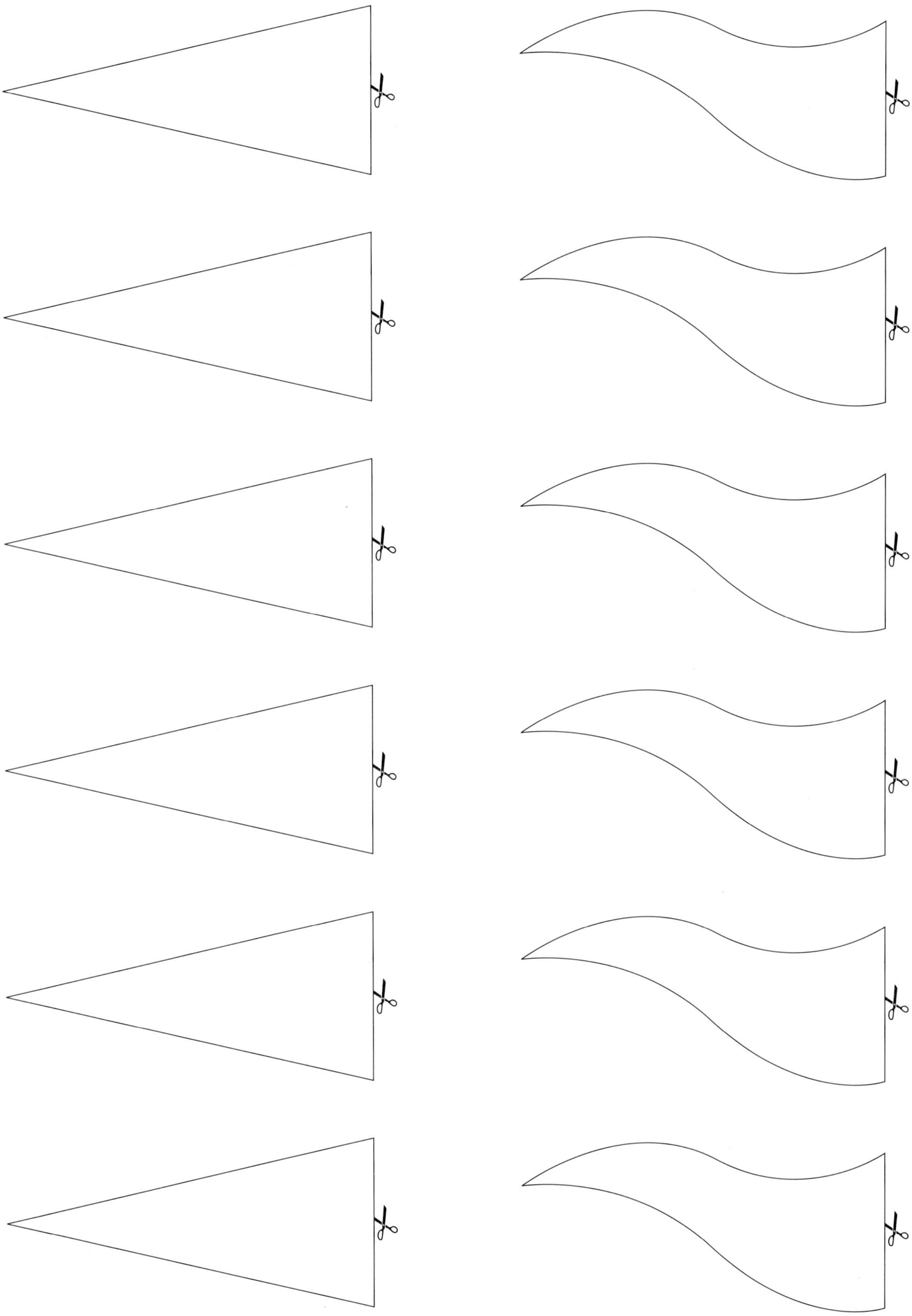

Name: ____________________ Klasse: __________ Datum: ______________

Wir erstellen ein Lapbook zu einem selbst gewählten Thema

	 3 Punkte	 2 Punkte	 1 Punkt	 0 Punkte
1. Inhalt des Lapbooks				
Du stellst das Thema gut dar.				
Du verwendest die richtigen Begriffe.				
Deine Sätze sind richtig formuliert.				
Die anderen Kinder lernen etwas durch dein Lapbook.				
2. Gestaltung des Lapbooks				
Dein Lapbook macht neugierig.				
Du hast sauber geschnitten, geschrieben und geklebt.				
Dein Lapbook ist gut gegliedert.				
3. Präsentation des Lapbooks				
Deine Präsentation ist anschaulich.				
Du hast laut und deutlich gesprochen.				
Gesamtergebnis				

Jederzeit optimal vorbereitet in den Unterricht?

»